Stephan Preuß

Kurze Wege zum Kunden

Stephan Preuß

Kurze Wege zum Kunden

Geschäftskunden finden und fördern – eine Akquise-Strategie

Tectum Verlag

Stephan Preuß

Kurze Wege zum Kunden.
Geschäftskunden finden und fördern – eine Akquise-Strategie
ISBN: 978-3-8288-9687-1

Besuchen Sie uns im Internet
www.tectum-verlag.de

Bibliografische Informationen der Deutschen Nationalbibliothek
Die Deutsche Nationalbibliothek verzeichnet diese Publikation in der Deutschen Nationalbibliografie; detaillierte bibliografische Angaben sind im Internet über http://dnb.ddb.de abrufbar.

Exzerpt

Welche Wege gibt es, um für ein Unternehmen die Geschäftstätigkeit durch neue Kunden zu sichern und weiter auszubauen? In dem vorliegenden Buch wird eine Vorgehensweise für die Planung und Durchführung Ihrer Akquise erarbeitet. Grundlage ist die Konzeption Ihrer Ansprache: Was wollen Sie ihren Kunden anbieten, wie stellen Sie sich dabei dar und für wen schnüren Sie Ihr „Paket"? Sobald dies entwickelt ist, kann die Suche nach den konkreten Zielkontakten beginnen. Es muss ein entsprechender Adresspool angelegt und die für Sie erfolgversprechendsten Unternehmen herausgefiltert werden. Im Anschluss beschäftigen wir uns mit der Gestaltung des Kontakts zu Ihren potenziellen Kunden. Fragen, die sich dabei zu stellen sind: Welche Kommunikationskanäle müssen für eine erfolgreiche Akquise gewählt werden und für welche Aufgaben eignen sich diese Kommunikationskanäle während der Akquise? Im letzten Abschnitt wird die passende Überzeugung analysiert. Dabei stehen zum einen die unterschiedlichen Entscheidungsprozesse und zum anderen die Motivation zu einer positiven Kaufentscheidung beim Kunden im Mittelpunkt.

Als Rahmen für das Buch wird das Premium-Segment für Dienstleistungen im B2B-Bereich gewählt. Basis ist das Literatur-wissenschaftliche Akquisekonzept des jungen Unternehmens *HANDSPIEL,* als Spezialist für Webtechnologie und Interaktive Kommunikation. Das Unternehmen ist u.a. Preisträger der „Innovativsten Geschäftsidee 2007". Mehr unter: *www.handspiel.net.*

Inhaltsverzeichnis

1 Einleitung

Jede Unternehmung, die sich in einer Branche profilieren will, muss nach Kunden suchen, diese auf sich aufmerksam machen und von den eigenen Leistungen überzeugen. Kunden sind die zwingend notwendige Grundlage eines jeden Geschäfts.

1.1 Zielsetzung

In diesem Buch wird eine Lösung erarbeitet, mit deren Hilfe B2B-Kunden für Produkte im Premium-Bereich gewonnen werden können. Auf diese Weise soll eine umfangreiche Grundlage für die Gestaltung Ihrer Akquise im Unternehmen geliefert werden. Aufgrund des Umfangs bei den Themen „Produktvermarktung“ und „Kundenwerbung“ beschränken wir uns auf die, aus unserer Sicht, wichtigsten Schwerpunkte.

Mit der zu entwickelnden Strategie soll auch sichergestellt werden, dass der Akquise im Unternehmen ausreichend Bedeutung zukommt und konsequent verfolgt wird. Sie hat die Aufgabe die Gewinnung und Kontaktführung neuer Kunden abzusichern, zu verbessern und auf diese Weise das Unternehmen durch einen ausreichenden Kundenstamm zu sichern.

1.2 Vorgehensweise

Die Ausarbeitung der Akquisestrategie lässt sich in drei Teilbereiche untergliedern. Im ersten Abschnitt werden Grundlagen zur Kundenakquise erarbeitet, um auf dieser Basis den Ablauf der Strategie zu definieren. Das Vorgehensmodell wird dabei um geeignete Marketing-Methoden und Überlegungen zur Organisation der Akquise ergänzt.

Im zweiten und dritten Teil des Buches werden zwei Kernpunkte der Strategie näher untersucht: Zunächst wird dazu ein Vorgehen zur Auswahl der erfolgversprechenden Firmen und einer geeigneten Kontaktführung zu den Entscheidern aufzeigen. Zur Auswahl der potenziellen Kunden werden Möglichkeiten zur Adressrecherche vorgestellt und eine Bewertungsmethode entwickelt. Im Anschluss erfolgt die Ausarbeitung für das Vorgehen bei der Überzeugung. So ist zu klären, wie Entscheidungsprozesse im Zielsegment erfolgen und wie mit geeigneten Argumenten und Methoden diese Entscheidungen positiv beeinflusst werden können.

2 Vorbetrachtungen und Ausarbeitung des Strategieverlaufs

Im folgenden Abschnitt wird die Einordnung der Kundenakquise vorgenommen, um darauf aufbauend die benötigten Anforderungen an die Strategie zu entwickeln. Damit werden die Forderungen geklärt, die das Premiumsegment an die Kundenakquise- und Kundenkommunikation stellt.

Anschließend wird der Rahmen und Ablauf der Strategie ausgearbeitet, aus dem die Schlüsselbereiche in den Folgekapiteln näher untersucht werden.

2.1 Einordnung der Kundenakquise

In der Literatur finden sich zwei verschiedene Definitionen von Akquise. In dem hier verwendeten Kontext beschäftigt sich die Akquise mit der Gewinnung und ‚Anschaffung' neuer Kunden und Aufträgen durch die Verkaufsorgane einer Unternehmung[1]. Neben dieser Definition bedeutet Akquise im betriebswirtschaftlichen Sinne auch den Zusammenschluss von eigenständigen Unternehmungen[2]. Zusätzlich erweitert Manfred Bruhn (2004) den Akquisebegriff um die Pflege von bestehenden Kunden[3]. Um diesem Buch eine klare Begriffsbestimmung zugrunde zu legen, soll unter dem Wort Akquise die Anwerbung und Beschaffung neuer Aufträge im Zusammenhang mit neuen Kunden für die eigene Unternehmung verstanden werden.

Innerhalb des Marketingmix lässt sich die Kundenakquise der Kommunikations- und Distributionspolitik zuordnen. Bei der Akquise von Kunden und Aufträgen handelt es sich um einen Verkaufsvorgang, also die Distribution von Produkten, und gleichzeitig um eine werbende Darstellung gegenüber dem Kunden. Mit der Darstellung gegenüber dem Kunden erfolgt auch eine Übermittlung von Informationen über das Unternehmen und eine Kommunikation von Kaufgründen. Demzufolge ist die Akquise zugleich Kommunikations- und Verkaufsmethode.

Die weiteren Bereiche Preis- und Produktpolitik des Marketings spielen für die Akquise ebenfalls eine Rolle, da es sich um die Nutzenmerkmale und die aufzubringenden Investitionen für den Kunden handelt.
In größeren Unternehmungen wird die Kundenakquise den Verkaufsabteilungen und ihren externen Mitarbeitern zugeordnet. D. h., dort befindet sich die unmittelbare Verantwortlichkeit für die Akquise. In kleineren und mittelstän-

---

[1] vgl. Brockhaus 1996a, S. 290

[2] vgl. Diller 2001, S. 35

[3] vgl. Bruhn 2004, S. 35

dischen Unternehmen ist davon auszugehen, dass die Akquise einzelnen Personen bzw. den Verkaufsverantwortlichen zugeordnet wird.

2.2 Anforderungen durch das Zielsegment

Dieser Abschnitt untersucht die Anforderungen an die Strategie. Dazu gehört der Bereich der Kundenausrichtung, in dem die Bedeutung des Kunden für den Erfolg beleuchtet wird. Darauf ergänzen sich die Anforderungen aus dem Premium-Segment im Hinblick auf die Premium-Kunden und Premium-Produkte. Abschließend wird ein Überblick zu dem Potenzial des Benutzer-Interface-Marktes und dessen Produktanwendungen gegeben.

2.2.1 Kundenausrichtung

Das englische Sprichwort „There is no second chance to make a first impression" – es gibt keine zweite Chance für den ersten guten Eindruck, trifft den Nagel auf den Kopf. Die Kundenansprache muss den Kunden im Augenblick des Erstkontakts optimal ansprechen und überzeugen. Damit ist erforderlich, dass der kurze Moment, bzw. die jeweiligen Zeitpunkte des Kundenkontakts bestmöglich vorbereitet werden müssen.

Da die Produkte von Menschen an Menschen verkauft werden, muss sich die Strategie mit der Käuferpersönlichkeit, innerhalb seines Unternehmenskontextes auseinandersetzen. Aufgabe der Akquisestrategie ist die Herausfilterung möglicher Entscheider und potenzieller Chancen diese von der Investition zu überzeugen.

Sobald der erste Kontakt zu einem möglichen Kunden hergestellt ist, stellt sich die Frage nach der erfolgreichen Überzeugung, um den Auftragsabschluss zu erreichen. In der Vorbereitung der Akquise müssen also verschiedene Varianten der Überzeugung gewählt werden.

Folgende Fragen sind dabei zu stellen:

- Was erwarten die Kunden von einem Produkt?
- Welches Produkt kann ihnen weiter helfen?
- Wie können Unternehmen entsprechend aufmerksam gemacht werden?

Laut Bruns bedeutet Verkaufen, Kundenprobleme zu lösen und dies möglichst besser als die Konkurrenz[4]. Die Strategie muss sich demnach mit den Bedürfnissen, individuellen Problemen und Erwartungen des Kunden auseinandersetzen und diese in den Mittelpunkt stellen.

---

[4] vgl. Bruns 2005, S. 141

Neben dieser inhaltlichen Überzeugung ist zu klären, wie die Argumente so präsentiert werden, dass er zum Kauf motiviert wird. Zweifellos begibt man sich hier in das schwierige Feld der Kauf- und Entscheidungsforschung. Bruns beschreibt es folgendermaßen: „Menschen drücken sich unterschiedlich aus und haben unterschiedlich erlernte Verhaltensmuster“[5]. Und dies ist mit der heutigen Forschung noch schwer beschreib- und erklärbar[6]. Interessant ist, dass laut Bruns (2005) etwa 80% der Entscheidungsprozesse im Gehirn unbewusst ablaufen, wobei Entscheidungen im Wesentlichen über Emotionen getroffen werden[7]. Es ist also zu prüfen, welche Möglichkeiten der Überzeugung sich in diesem Bereich ergeben.

Es ergibt sich noch ein weiterer Schwerpunkt, der gegenüber dem Kunden zu beachten ist: Die Ansprache an sich. Da die Akquise als Kommunikationsinstrument zum Kunden bezeichnet werden kann, müssen in der zu erarbeitenden Strategie die fundamentalen Regeln der Kommunikation, z. B. nach Watzlawick (2000), beachtet werden. Sie muss sich an der optimalen Übermittlung von Informationen orientieren.

Als Anforderung aus Kundensicht lassen sich folgende Punkte zusammenfassen:

- Strategische Vorbereitung der Ansprache und der Überzeugung des Entscheiders
- Ausrichtung auf die Bedürfnisse und Erwartungen des Unternehmens und Entscheiders
- Entsprechende Argumentation und Kommunikation unter Berücksichtigung der Kommunikationsregeln

2.2.2 Was bedeutet Premium-Segment?

Zunächst wird kurz erläutert, warum die Strategie im Premium-Segment verankert werden soll.

Die Wahl erscheint einerseits durch die zunehmende Marktpolarisierung notwendig. Durch diese haben sowohl die Unteren, als auch die oberen Markenschichten an Bedeutung gewonnen[8]. Bruns empfiehlt: „Überlegen Sie sich ihre Marktpositionierung genau. Entweder Sie wollen der billigste oder der anspruchsvollste Anbieter sein. Alles dazwischen führt meist zum Misser-

---

[5] Bruns 2005, S. 62

[6] vgl. Oertl 2005, S. 16

[7] vgl. Bruns 2005, S. 62

[8] vgl. Diller 2001, S. 1381

folg"[9]. Diese Empfehlung soll bei der Entwicklung von Premium-Anwendungen in der grafischen Benutzer-Kommunikation ernst genommen werden. Zum anderen bietet die Premium-Ausrichtung die Möglichkeit, exzellente Produkte herzustellen.

Die Preisstrategien, in denen sich auch das Premium-Segment befindet, lassen sich auf die zwei Determinanten Qualität und Preis zurückführen:

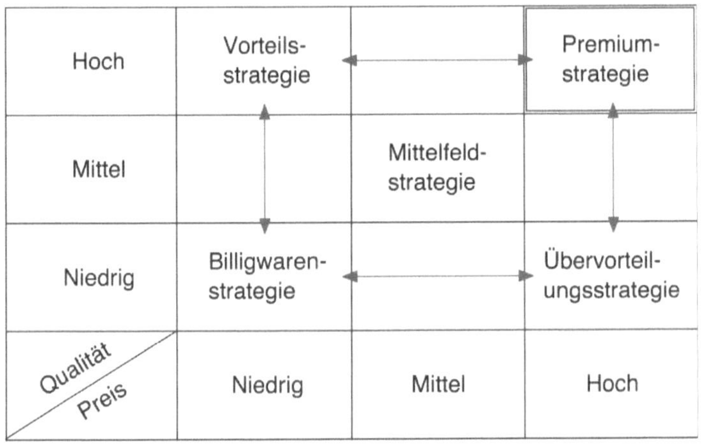

Abbildung 1: Strategieoptionen im Preis-Qualitäts-Wettebewerb[10]

Durch den hohen Anspruch an die Qualität und den damit einhergehenden Anspruch der Gewinnmaximierung lässt sich das Zielsegment der Premium-Strategie zuordnen. Da zurzeit nur wenig verwertbare wissenschaftliche Untersuchungen zu digitalen Premium-Anwendungen existieren, werden die Anforderungen und Erwartungen über alternative Premium-Dienstleistungen gesucht. Der Mangel an Forschungsarbeiten liegt vermutlich auch in der Neuartigkeit des Segments begründet.

Zunächst wird eine klare Abgrenzung zum übersteigerten Luxusbegriff gezogen. Luxusartikel sind nach Meffert (2003) überhöhte Statussymbole, die in ihrer Funktion durch günstigere Artikel faktisch ersetzbar sind[11]. Der Premium-Begriff ist unterhalb des Luxus angesiedelt und bezeichnet Produkte, die sich durch eine wesentlich bessere Qualität, einen höheren Preis und „auch

[9] Bruns 2005, S. 9

[10] Quelle: Eigene Darstellung, vgl. Diller 2002, S. 200; Abb. nach F. Bliemel, 2001, S. 1348.

[11] vgl. Meffert 2003, S. 5

durch natürliche oder künstliche Knappheit von denen der Mitbewerber unterscheiden"[12]. Rosengarten ergänzt, dass dem Premium-Produkt im Vorfeld mehr subjektive Eigenschaften zugerechnet werden, für die der Kunde bereit ist mehr zu investieren[13]. Ziel der Etablierung von Premium-Produkten ist die Qualitätsführerschaft und ein Bestandteil der ‚Markenelite' zu werden[14].

Charakteristisch für den Premium-Begriff sind demnach:

- Bedeutend bessere objektive Qualität
- Höherer Preis
- Subjektive Eigenschaften, die den Produktwert unterstreichen
- Anspruch auf die Markenelite

In diesem Zusammenhang stellt sich die Frage nach dem entsprechenden Kundenklientel, da das Wort ‚Premium' möglicherweise bei einer Vielzahl von Unternehmen Vorbehalte gegenüber dem Preis hervorruft. Kunden, die im Premium-Segment agieren, werden zumeist selbst anspruchsvolle Konsumenten sein. Sie sind hochqualitative Produkte gewöhnt, arbeiten mit ihnen und sind insgesamt von der Leistungsfähigkeit und dem Service überzeugt. Klassische Premium-Kunden möchten durch den Kauf unter anderem ihre Konsumfreude zum Ausdruck bringen, sich selbst herausheben und Prestige gewinnen[15]. Das trifft auf die subjektiven Produkteigenschaften zu. Da die eigene Unternehmung sich erst im Markt etablieren will, muss man sich hier voraussichtlich auf die objektiven Produkteigenschaften konzentrieren und versuchen eine Stück für Stück auch subjektiv wertvolle Marke aufzubauen.

Das Produkt selbst kann sich neben der hohen Qualität auch durch einen herausragenden Zusatznutzen etablieren. Verweyen nennt dies den entscheidenden und unterscheidenden Mehrwert, welcher nicht durch preisgünstige Angebote ersetzt werden kann[16]. Wie im späteren Verlauf des Buchs festgestellt wird, muss sich das Produkt so weit von der Konkurrenz abheben, dass sich seine Eigenschaften und sein Preis nicht mehr mit denen anderer Produkte vergleichen lassen.

Ein wesentlicher Teil des Zusatznutzens und der funktionalen Qualität wird gezielt durch Marketingmethoden kommuniziert und aufgebaut. Meffert

---

[12] Brockhaus 1996b, S. 461

[13] vgl. Rosengarten 2004, S. 34

[14] vgl. Diller 2001, S. 1381

[15] vgl. ebenda

[16] vgl. Verweyen 2004, S. 24

(2003) nennt diese Methoden einen entscheidenden Bestandteil zur Profilierung einer Marke[17]. Einige Marketingmethoden werden daher in Abschnitt 2.3.4 auf ihre Verwendung in der Akquise untersucht.

In Bezug auf die Produkteigenschaften lassen sich aus der Literatur folgende Merkmale für das Premium-Segment erfassen:

- Forschung und Research neuer Technologien
- Professionelle Durchführung: hohe Beratungsqualität, Planung, Projektierung, Entwicklung und Implementierung
- Exzellente Qualität und technische Perfektion
- Ästhetik und die stilvolle Darbietung des Produkts
- Einzigartigkeit durch Funktionalität und Leistung
- Services durch Kundendienst, Garantieleistungen, Zusicherung einer Mindestverfügbarkeit usw.
- Subjektive Aufwertung durch einen höheren Preis[18].

Bei der Einführung einer neuen Premium-Marke ergeben sich besondere Anforderungen an Produkt und Verkäufer. So empfiehlt Meffert (2003) die Beachtung folgender Anforderungen:

- Aufbau einer einzigartigen Identität mit der Herausarbeitung eines starken USP (Unique Selling Proposition, „herausragendes Verkaufsmerkmal")
- Schaffung von Aufmerksamkeit bei Meinungsführern
- Aufbau eines Multiplikatorennetzwerks und nicht zuletzt
- Eine herausragende Gründerpersönlichkeit[19].

Diese Forderungen werden in der Akquisestrategie und den nachfolgenden Abschnitten mit beachtet. Trotzdem kann aufgrund des Umfangs hier keine nähere Untersuchung zur Einführung oder gar zu den Markteintrittsbarrieren erfolgen.

---

[17] vgl. Meffert 2003, S. 3

[18] vgl. Meffert 2003, S. 5 / vgl. Verweyen 2004, S. 24 / vgl. Bruns 2005, S. 4 /

vgl. Tomczak 1996, S. 161

[19] vgl. Meffert 2003, S. 12

Abschließend lassen sich für das Premium-Segment folgende Kriterien als wichtig zusammenfassen:

- Die klare Etablierung der Marke durch Marketingmethoden,
- Die Schaffung eines objektiv und subjektiv hochqualitativen Produkts mit entscheidenden Mehrwerten und
- Die permanente Weiterentwicklung des Angebots.

2.3 Ausarbeitung der Akquisestrategie

Um einen erfolgversprechenden Strategieverlauf zu entwerfen, sollen Publikationen mit Empfehlungen zur Vorgehensweise bei der Kundengewinnung herangezogen werden. Aus den einzelnen Gewichtungen in der Literatur und eigenen Überlegungen wird darauf aufbauend ein empfehlenswerter Ablauf ausgearbeitet. Zunächst werden jedoch zwei weitere Grundlagen erarbeitet. Zum einen die Anforderungen an die strategische Vorgehensweise und zum anderen die Ansprüche an die Kommunikation.

2.3.1 Anforderungen an die strategische Vorgehensweise

Hier soll festgestellt werden, welche Grundzüge das strategische Vorgehen beinhalten muss. Hermann Diller (2002) nennt als Kern strategischer Konzepte für Neukunden folgende vier Punkte:

- Bei dem Vorgehen müssen verschiedene Aktivitäten gebündelt und koordiniert werden, um dadurch Synergieeffekte zu erzeugen.
- Die Strategie beschreibt die Ziele und Stoßrichtung einer Unternehmung, so verbirgt sich hinter der Neukundengewinnung auch die Weiterentwicklung des Unternehmens durch Marktforschung, Marktbesetzung und Forschung der Erfolgsfaktoren.
- Das Vorgehen ist langfristig angelegt, aus Image- und Kostengründen wird das Marketing für Neukunden beständig erfolgen.
- Die Vermarktung und Argumentation muss auf strategische Wettbewerbsvorteile gegenüber der Konkurrenz abzielen[20].

Aus diesen Anforderungen lässt sich ableiten, dass die Akquisestrategie ein definiertes Ziel benötigt. Zudem müssen in der Strategie Synergieeffekte gesucht und Wettbewerbsvorteile herausgearbeitet werden, sprich Systematiken

[20] vgl. Diller 2002, S. 176

und Vorgehen, die einmal definiert, beliebig oft wieder verwendet werden können und sich in ihrer Wirkung gegenseitig verstärken.

Diese Vorgehensweise lässt sich durch die von Norbert Weisshaar in seinem Buch „Strategische Maßnahmen zur Kundengewinnung" (1998) entwickelten Akquiseanforderungen ergänzen:

- Systematische und umfassende Analyse der Akquisesituation
- Erstellung eines kundenspezifischen strategischen Aktionsplanes
- Präsentation und Überzeugung als besserer Partner
- Erkennen und Aufzeigen von Chancen und Bedrohungen
- Gemeinsame Erarbeitung von individuellen Lösungen
- Eine höchst individuelle Betreuung des potenziellen Kunden und Auseinandersetzung mit seinen Wünschen, Ängsten und Hoffnungen[21].

Zusammenfassend zeigen diese Anforderungen auf, dass jeder potenzielle Kunde durch eine individuell angepasste Akquise betreut werden muss. Damit ist es notwendig, dass die Strategie eine klare Modularisierung aufzeigt.

2.3.2 Anforderungen an die Kommunikation

Da die Akquise eine Kommunikationsmethode darstellt, wird ein kurzer Einblick in die Kommunikationstheorie gegeben. Diese Theorie setzt sich damit auseinander, wie eine Information so erstellt und übertragen werden kann, dass diese beim Empfänger ankommt und entsprechend wahrgenommen bzw. verarbeitet wird.

---

[21] vgl. Weisshaar 1998, S. 145f.

Nach Shannon und Weaver (1949) und Werner Pepels (2001) lässt sich der Ablauf von Kommunikation in Form einer Kommunikationskette betrachten. Die folgende Abbildung stellt die einzelnen Teilschritte bei der Übermittlung einer Information schematisch dar:

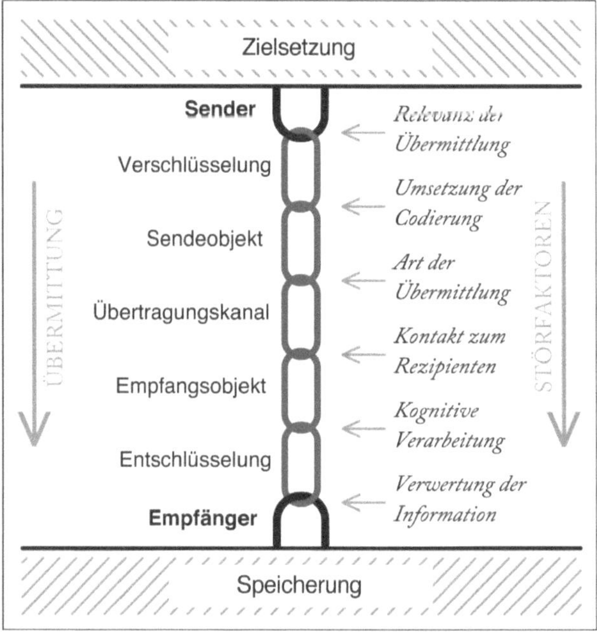

Abbildung 2: Verlauf der Kommunikationskette[22]

Wie die Abbildung zeigt, verläuft die Übermittlung einer Information in verschiedenen Stufen, wobei jede Stufe durch ein Kommunikationsproblem beeinträchtigt werden kann. Dies beginnt bereits bei der Zielsetzung des Senders: Inwieweit ist diese relevant für den Empfänger? Hinzu kommt die entsprechende Chiffrierung der Nachricht, durch die richtige Wahl von Begriffen aus dem Wortschatz des Empfängers. Ein weiterer kritischer Abschnitt ist die Wahl des Übertragungsmittels und dessen ausreichender Kontakt mit dem Empfänger. Am Ende muss die Nachricht vom Entscheider richtig wahrgenommen und entsprechend ge- und verwertet werden. Spätestens, wenn die Akquiseinformationen vom Entscheider als irrelevant eingestuft werden, ist die Kommunikation gescheitert.

[22] Quelle: Eigene Darstellung, nach Pepels S. 13f.

Es lässt sich also interessanterweise feststellen, dass die Kommunikationskette nur so stark ist, wie ihr schwächstes Glied. Hinzu kommt, dass jeder Teilaspekt der Kommunikation bereits selbst eine Information beinhaltet. Dies hat Paul Watzlawick mit seiner bekannten Aussage „*Man kann nicht nicht kommunizieren*"verdeutlicht[23]. Die Art und Weise der Kommunikation, die Wahl der Mittel und die nonverbale Kommunikation zeigen dem Empfänger bereits, wie der Sender in Beziehung zu ihm steht[24]. Im Premium-Segment muss dem Entscheider bereits durch das richtige Vorgehen bei der Kommunikation eine Hochwertigkeit und Lösungskompetenz der eigenen Produkte und Unternehmung vermittelt werden.

2.3.3 Ausarbeitung des Strategieverlaufs

In dem folgenden Abschnitt wird der Ablauf und Rahmen der Strategie entwickelt. Als Grundlage der Überlegungen bieten sich die fünf Phasen für Akquise- und Kommunikationsstrategien an, wie sie Alexander Verweyen (1997) ausgearbeitet hat. Diese bestehen aus der Marketingplanung, der Adresserfassung, Kontaktaufnahme, einer Angebotsunterbreitung und dem Nachfassen beim Kunden[25]. Dieser Ablauf wird in Verbindung mit weiteren Literaturquellen und eigenen Überlegungen für den folgenden Strategieablauf verwendet.

Beginn der Akquisetätigkeit: Strategische Vorbereitungsphase

Der erste Teil der Strategie beinhaltet die grundsätzliche Vorbereitung der eigenen Vorgehensweise bei der Akquise. Dies beinhaltet die grundlegende Zielsetzung, die Festlegung von konkreten Regeln für die Vorgehensweise und die Wahl der zu verwendenden Techniken und Mittel. Diese Vorgaben ergeben sich einerseits aus den Zielsetzungen der eigenen Unternehmung und aus dem eigenen Marketing, denn beides muss durch die Akquise fortgeführt werden. Die generelle Zielsetzung wäre in dem hier gewählten Rahmen die Gewinnung von Kunden für digitale Premium-Kommunikationslösungen. Es muss ebenfalls vorher geklärt werden, welche Produkte vorrangig zu vertreiben und welche möglichen Produktlösungen vorstellbar sind.

Phase I: Akquisevorbereitung und Informationsgewinnung

---

[23] vgl. Watzlawick 2000, S. 50

[24] vgl. Preuß 2005, S. 24

[25] Verweyen 1997, S. 29ff.

Sobald die Geschäftsleitung den Start der strategischen Kundenakquise festlegt, beginnt die konkrete Akquisetätigkeit mit der Vorbereitung auf ein definiertes Akquisesegment und der damit einhergehenden Informationsbeschaffung. Es empfiehlt sich, pro Marktsegment bzw. pro zu akquirierendem Segment einen Akquiseauftrag zu starten. Da auf diese Weise die Konzentration auf das Ziel und das jeweilige Segment möglich ist. Werden verschiedene Akquiseaufträge gestartet, so werden diese parallel verfolgt und erreichen durch eine Modularisierung möglicherweise Synergieeffekte.
Zu jedem Akquiseauftrag erfolgt im ersten Schritt eine konkrete Definition des Zielsegments. Im Vorfeld ist zu klären, ob ein bereits bestehendes Produkt verkauft, oder ein Kunde oder Partner für die Entwicklung einer neuen Kommunikationslösung gewonnen werden soll. Daraus ergibt sich, welche Zielgruppen mit ihren individuellen Anforderungen in Frage kommen. Wie die entsprechenden Firmen fixiert werden können, wird in Kapitel 3 detailliert dargestellt. Aus dieser Zielbestimmung lässt sich dann bereits ein konkretes Angebot formulieren: Welche Vorteile bietet das Produkt dem einzelnen Kunden, wie lässt es sich finanzieren und wie realisieren?

Als Nächstes folgt die Maßnahmen- und Etatplanung. Dafür wird zunächst das Akquisepotenzial eines Kunden ermittelt. D. h., es geht um Fragen wie: Welche Wertschöpfung ist mit dem Kunden möglich? Welche Risiken bestehen dabei? Und welche Möglichkeiten bietet er, innerhalb des Netzwerkmarketings neue Kunden zu gewinnen? Durch die Beantwortung soll sichergestellt werden, dass nur aussichtsreiche Akquiseaktionen durchgeführt werden. Dieser Teilbereich wird im Abschnitt 3.2.2 detaillierter untersucht.

Für die Maßnahmenplanung müssen dann die einzusetzenden Instrumentarien und Argumentationsstrategien festgelegt werden. So muss bspw. geklärt werden, welche Kommunikationskanäle sich für die Ansprache eignen und welche Informationen diese in welcher Reihenfolge vermitteln sollen. So passt ein Telefonanruf möglicherweise zur Ankündigung eines Angebotsschreibens, um damit die Übermittlung des Schreibens sicherzustellen. An dieses Anschreiben kann sich dann eine Produktpräsentation anschließen. Dazu wird im Abschnitt 3.3 ein Vorgehen zur Kontaktführung ausgearbeitet. Ebenso sollte festgelegt werden, welches Vorgehen sich für die Argumentation eignet. Wann welche Argumente kommuniziert und welche Methoden eingesetzt werden sollten. Dieser Bereich der Überzeugung wird im Kapitel 4 detailliert ausgearbeitet.

Phase II: Fixierung und Filterung der Zielpersonen

Sobald die Zielgruppen feststehen, müssen die entsprechenden Firmen recherchiert und bewertet werden. In diesen Unternehmen müssen dann die Mitarbeiter recherchiert werden, die in der Lage sind einen Verkaufsabschluss durchzuführen. Hier kommen die Entscheider des Unternehmens in Frage und Personen, die Einfluss auf die Kaufentscheidung ausüben. Denn ob ein

Briefanschreiben automatisch den Weg zu dem richtigen Entscheider findet, ist fragwürdig. Von den Zielpersonen müssen Telefonnummern, Adressen und Vorlieben in Erfahrung gebracht werden. Welche Möglichkeiten sich hierbei ergeben, wird im Kapitel 3 ausführlich untersucht.

Phase III: Kontaktführung und Überzeugung der Entscheider

Um die Überzeugung und die Vorgehensweise bei der Ansprache an einem geeigneten Ablauf orientieren zu können, sollte dafür ein Stufenmodell zur Überzeugung bzw. Verkaufswerbung gewählt werden. An diesem Modell kann der Akquiseverlauf mit dem Kunden eingestuft und strategisch geplant werden. Als ein solches Stufenmodell wird hier das AIDA-Modell herangezogen, da dies eines der bekanntesten und damit leichter nachvollziehbaren Stufenmodelle im Verkauf ist[26].

Die Planung der Vorgehensweise bei der Ansprache lässt sich damit folgendermaßen zusammenstellen:

- *Attention, als Aufmerksamkeitsphase:*
  Methodisch soll durch verschiedene Medien innerhalb der Zielgruppe eine hohe Aufmerksamkeit für ein bestimmtes Produkt bzw. die eigene Unternehmung geschaffen werden.
- *Interest, als Informationsphase:*
  Es muss ein erstes Kaufinteresse der potenziellen Kunden geweckt werden.
- *Desire, als Überzeugungsphase:*
  In dieser Phase erfolgt die konkrete Überzeugung zum Kauf des Produkts. D. h. Risiken und Bedenken werden ausgeräumt, die Möglichkeiten der Realisierung und Implementierung aufgezeigt.
- *Action, als Kaufphase:*
  Da die Kaufentscheidungsphase in Unternehmen oftmals im Team oder zumindest in Rücksprache mit anderen Personen gefällt wird, sollte das beachtet und entsprechendes Argumentationsmaterial zur Verfügung gestellt werden.

Diese Planung der Vorgehensweise anhand eines Stufenmodells ist geeignet, um die Überzeugung und Ansprache optimal zu koordinieren und ggf. auszudiskutieren bzw. weiterzuentwickeln. Im Verlauf der weiteren Ausarbeitung wird auf das AIDA-Verkaufsmodell zurückgegriffen, um daran den Status innerhalb einer einzelnen Verkaufsphase festzuhalten. Es ist jedoch problemlos

[26] vgl. Diller 2001, S. 34

möglich, für die Akquisestrategie dieses Phasenmodell später aufgrund von Erfahrungswerten anzupassen oder gegen ein anderes auszutauschen. Für das Beschaffungsverhalten von Organisationen erwähnt Diller (2001) bspw. eine Studie des Spiegel-Verlags, bei dem sich der Vorgang in drei Phasen gliedert: eine Initiierungsphase, eine Vorüberlegungs- bzw. Vorentscheidungsphase und die Entscheidungsphase[27]. Diese drei Phasen lassen sich gut mit dem AIDA-Modell verbinden, indem sich diese an die Aufmerksamkeitsphase anschließen. Die Initiierungs- und Vorentscheidungsphasen entsprechen dann der Informationsphase und Überzeugungsphase, wobei die Initiierungsphase vonseiten des potenziellen Kunden ein aktiveres Beschaffungsvorgehen durch eine Einkaufsabteilung erfordert. In diesem Fall kommen Verkäufer und Einkaufsabteilung aufeinander zu, um einen geschäftlichen Abschluss zu prüfen. Hier ist zu erwarten, dass die Einkaufsabteilung versuchen wird, die Verhandlungsprozesse ihrerseits anhand von Methoden zu steuern. Auf diese Vorgehensweise muss sich die eigene Unternehmung einstellen und offensiv zuarbeiten. Anhand dieses Modells kann der grobe Verlauf des Mitteleinsatzes bereits vorbereitet werden.

Orientiert sich die Kontaktführung an dem AIDA-Modell, kann für die erste Aufmerksamkeit ein Telefonanruf reichen, der für einen Brief mit näheren Informationen, beispielsweise einer Broschüre, wirbt. Als Attention-Ziel können auch Presseberichte oder allgemeine Werbemaßnahmen oder Marketingkonzepte dienen. Bei dem nächsten Kontakt kann darauf wieder Bezug genommen werden, um eine Erinnerung zurück ins Gedächtnis zu rufen. Ein näheres Interesse kann dann durch einen Pressebericht, durch eine Broschüre oder möglicherweise direkt im Verkaufsgespräch geweckt werden, um darauf aufbauend durch Überzeugungsarbeit einen Auftragsabschluss zu gewinnen.

Wie eine erfolgversprechende Kontaktführung erfolgen kann, wird im Abschnitt 3.3 untersucht. Wie die Überzeugungsmethodik verlaufen sollte, wird anschließend im 4. Kapitel erarbeitet.

Phase IV: Nachakquise

Sobald der Auftrag gewonnen wurde, wird dieser zunächst zur vollen Zufriedenheit des Kunden ausgeführt. Generell empfiehlt es sich die Erwartungen des Kunden zu übertreffen, um damit die Grundlage für einen neuen Stammkunden und gute Weiterempfehlungen zu legen. Es spricht dafür, innerhalb des Budgets und des Zeitplans einen ausreichenden Puffer einzuplanen.

Bereits innerhalb des Projektes sollte der Akquisedialog weitergeführt werden. Vielleicht ergeben sich bereits daraus neue Wünsche des Kunden, die mit dem

---

[27] vgl. ebenda, S. 1231

erfolgreichen Abschluss des Erstprojektes zu realisieren sind. Ab hier sollten auch bei bestehenden Kunden neue Aufträge akquiriert und Stufe I, mit einer angepassten Wahl der Instrumente, wieder aufgenommen werden.

Konnte der Kunde mit dem Erstauftrag für eine weitere Zusammenarbeit gewonnen werden, folgt die Betreuung und Aufnahme des Kunden in das Neukunden-Controlling, die Zufriedenheitskontrolle und in das Customer Relationship Management (CRM)[28].

Schematisch lassen sich die fünf Phasen der Akquisestrategie wie folgt darstellen:

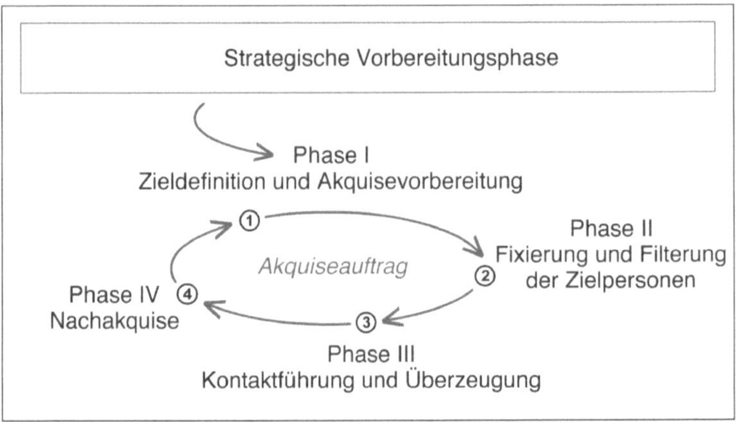

Abbildung 3: Entwurf der Akquisestrategie[29]

Der erarbeitete Entwurf ergibt einen gut verwendbaren Verlauf zur Kundengewinnung, der für individuelle Anforderungen einfach anzupassen ist. Zur konkreten Durchführung eines jeden Akquiseauftrags werden stets die verschiedenen Phasen durchlaufen: von der Phase I, der jeweiligen Zielsetzung, bis hin zur Phase IV, mit der Nachakquise zur Gewinnung von Stammkunden.

Besonders bei größeren potenziellen Kunden ist davon auszugehen, dass die einzelnen Phasen mit einer gezielten Hartnäckigkeit verfolgt werden müssen. So werden die Entscheider dort bspw. nur durch spezielle Quellen (Sekretariat, Websites, Nachrichten, Geschäftsberichte usw.) herauszubekommen sein.

---

[28] vgl. Leicher 2005, S. 1 / vgl. Bruns 2005, S. 141 / vgl. Verweyen 1997, S. 29ff. / vgl. Diller 2002, S. 138

[29] Quelle: Eigene Darstellung

Ebenso muss die Kontaktführung intensiv verfolgt und wiederholt werden, solange kein begründetes Desinteresse zu erwarten ist.

Zur näheren Betrachtung dieser Problematik sollen die beiden Teilbereiche ‚Zielgruppenfixierung' und ‚Überzeugung' in den Kapiteln 3 und 4 ausführlich untersucht werden, da diese für die Strategie als besonders wichtig erachtet werden.

Eine Akquiseansprache wird erst dann als abgeschlossen betrachtet, wenn der Kunde den Erstauftrag vergibt. D. h. Unternehmen, die nur ein Interesse bekunden, bleiben in einer ‚Kontaktschleife' und werden je nach Akquisepotenzial weiter betreut. Wichtig ist, dass der Kundenkontakt bei Nichterhalt eines Auftrages oder Termins weiter bestehen bleibt[30].

Um abschließend den Zusammenhang zwischen Akquisestrategie, Akquiseauftrag und Akquiseansprache herzustellen, soll dies durch folgende Grafik verdeutlicht werden:

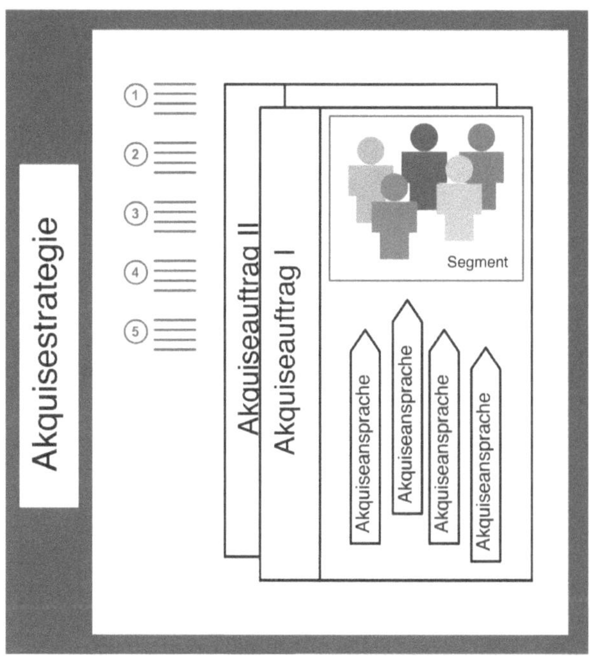

Abbildung 4: Gliederung der Akquiseprozesse[31]

[30] vgl. Leicher 2005, S. 10

[31] Quelle: Eigene Darstellung

Die Akquisestrategie enthält den gesamten Rahmen sämtlicher Akquisetätigkeiten einer Unternehmung, sie ist sozusagen die übergeordnete Klasse. Aus den Vorgaben der Strategie lassen sich einzelne Akquiseaufträge starten, die jeweils ein bestimmtes Zielsegment abarbeiten. Für jedes Unternehmen aus dem Adresspool eines Akquiseauftrags wird eine Akquiseansprache gestartet, welche sich dann an einem Stufenmodell für den Verkauf orientiert.

2.3.4 Auswahl geeigneter Marketingmethoden für die Akquise

Dem Vorgehen bei der Akquise kann eine Marketing-Methode zugrunde gelegt werden, welche die Ansprache und Werbung unterstützt. Um dafür geeignete Methoden auszuwählen, wird die Marketing-Trend-Studie der Advanced Innovation herangezogen. Unter der Leitung von Peter Kreuz (2004) wurden dort sechzehn verschiedene Marketingkonzepte unter anderem auf ihre Eignung zur Kundenakquise, Imagepflege und Umsatzsteigerung untersucht. Befragt wurden Führungskräfte und Marketingkräfte aus Deutschland, Österreich und der Schweiz. Der besondere Fokus der Studie lag auf der Eignung neuer Marketingmethoden.

Aus der Untersuchung ergeben sich die folgenden sieben Methoden als gut bis sehr gut für die Akquise geeignet:

	Marketingmethode	Eignung zur Akquisition
1	Virus-Marketing	79%
2	Ethno-Marketing	51%
3	Ambient Media	45%
4	Multi-Channel Management	30%
5	Szenenmarketing	30%
6	E-Mail Marketing	29%
7	Mass-Customization	29%

Tabelle 1: Akquiseeignung spezieller Marketingmethoden[32]

Da die Untersuchung nicht explizit auf die Akquiseproblematik von Neuen Medien und Geschäftskunden ausgelegt ist, sollen die Ergebnisse hier nur als Anhaltspunkte dienen und durch eigene Überlegungen zur Eignung ergänzt werden.

---

[32] Quelle: Eigene Darstellung, nach Kreuz 2004

Virus-Marketing tendiert in Richtung Guerilla-Marketing, denn es geht darum mithilfe einer einfallsreichen Kampagne eine Art Virus-Botschaft zu verbreiten, welche sich zum gesellschaftlichen Gesprächsthema entwickelt[33]. Als Beispiel sei hier das Moorhuhn für Johnny Walker genannt, wobei jeder Teilnehmer per Mundpropaganda selbst als Werbeträger fungiert. Mithilfe der modernen Kommunikationsmittel verbreiten sich diese Trend-Kampagnen rasant. Demnach sind Kampagnen besonders lohnenswert, wenn sie sich über das eigene Medium weiterverbreiten lassen, bspw. Anwendungen im Internet oder Spiele für Mobiltelefone. Als Voraussetzung nennt Peter Kreuz eine besondere Idee mit einem Zusatznutzen, der die Leute begeistern kann und einen Inhalt, der eine Geschichte zu erzählen vermag[34], sprich eine Art Erlebnismehrwert.

Zur Anwendung sollte die eigene Unternehmung dabei Ideen und Kommunikationskanäle nutzen, die ihre Zielpersonen besonders anspricht. Innerhalb der Strategie kann die Methode genutzt werden, um Aufmerksamkeit (Attention) zu wecken und die Überzeugungsarbeit wirkungsvoll vorzubereiten.

Ethno-Marketing verfolgt dagegen den Ansatz, größere ethnische Gruppen in einer Gesellschaft gezielt anzusprechen. Mit einer kulturell angepassten Sprachlichkeit, Design, Vermarktung und Einbeziehung des Lebensgefühls und spezieller Eigenheiten sind laut Kreuz gute Akquiseerfolge möglich[35]. Auf die Weise lässt sich in der Gruppe ein „Wir-Gefühl" mit einem Produkt verbinden, mit dem sich die Zielpersonen innerhalb einer etwas anders denkenden Gesellschaft gut identifizieren können. Mit dieser Methode ist es denkbar, methodisch Zielpersonen aus anderen ethnischen Gruppen anzusprechen. Ggf. sollten dazu Berater, Gespräche und Literatur zur Rate gezogen werden, um die kulturellen Eigenheiten ganzheitlich zu erfassen. Inwieweit diese Gruppen für Premium-Kommunikationslösungen zu begeistern sind, müsste durch einen Markttest geprüft werden.

Ambient Media eignet sich zu 45% für die Kundenakquise und zu jeweils rund 20% für Imagepflege und Umsatzsteigerung[36]. Die Methode hat die Aufgabe, an ungewöhnlichen Orten mit Eyecatchern Aufmerksamkeit zu gewinnen[37]. So lassen sich die verwendeten Werbeträger geschickt mit einbezie-

---

[33] vgl. Kreuz 2004, S. 37

[34] vgl. ebenda

[35] vgl. ebenda, S. 21

[36] vgl. ebenda, S. 8

[37] vgl. ebenda, S. 7

hen, um die Wirkung zu verstärken. Ein gutes Beispiel hierfür war die T-Mobile-Verkleidung des Brandenburger Tors, während der Renovierung.

Auffällig bei all diesen drei Methoden ist, dass sie eine Selbstverstärkung der Werbebotschaft forcieren. Die weiter vorgestellten Methoden der Studie, wie Multi-Channel, Mass-Customization und E-Mail Marketing zielen in erster Linie auf Umsatzsteigerung und Verbesserung der Kommunikation. Selbst das persönliche One-to-One Marketing und Event-Marketing dient vorrangig der Kundenbindung und nicht der Neugewinnung. Diese Methoden lassen sich demnach innerhalb des Marketingkonzeptes später für bestehende Kunden nutzen.

Für die Akquise in der Medienbranche stellt sich das Virus-Marketing als besonders geeignet heraus, da das Marketing durch die Nutzung eigener Ressourcen preiswert ist und die Verbreitung durch die Neuen Medien dem Zielmarkt entspricht. Es ist denkbar, speziell für die Akquise eine innovative Kommunikationslösung zu entwickeln, die durch die Verbreitung im Internet und die Presse eine hohe Aufmerksamkeit erzeugen kann. Inwieweit die Strategie auf die besonderen Informationsnetzwerke innerhalb des Internets, wie Blogs, Nachrichtenseiten oder Softwareportale ausgerichtet werden sollte, muss in der strategischen Vorbereitungsphase festgelegt werden.

Auf klassischem Wege lässt sich die Aufmerksamkeit dagegen unter anderem mithilfe von Pressemeldungen und Fachartikeln erzeugen. Inwieweit es den Firmen innerhalb der Informationsflut heutzutage noch gelingt, per Telefonakquise und Werbemailings aufzufallen, ist fragwürdig. Denn speziell für das Zielsegment zählt die innovative Aufmerksamkeit. Ein innovatives und hochwertiges Produkt bedingt einer ebenfalls ausgefallenen und erstklassigen Akquise. Auf diese Weise können dem Kunden zudem bereits Informationen zu Werten und Ansprüchen des Unternehmens kommuniziert werden.

An die, durch die Marketingmethoden, begonnene Aufmerksamkeits-Phase schließen sich die Informationsphase und die Überzeugungsphase an. Die Informationsphase kann über die klassischen Akquisemedien, wie Anschreiben, Infobroschur, das Internet oder durch besondere Medien erfolgen bzw. ergänzt werden. Bspw. können Informationen gezielt nur über PDA und Handy, eine interaktive DVD vermittelt werden. Das muss abhängig vom Kunden und seinem Akquisepotenzial entschieden werden.

3 Auswahl der potenziellen Kunden und Methoden zur Kontaktführung

Als wichtiger Bestandteil der Strategie werden in diesem Kapitel Lösungen ausgearbeitet, wie die relevanten Adressen und Ansprechpartner gefunden werden können. Welche Branchen kommen in Frage, welches Firmenklientel und wie können die Entscheider herausgefunden werden?

Zur Fixierung der Zielpersonen erscheinen im Rahmen der Strategie die folgenden vier Punkte als wichtig:

- Informationen zum Zielsegment
- Recherche und Filterung der Firmenadressen
- Recherche der Entscheider
- Kundenprofiling – Informationen über Entscheider und Firma

Bei Punkt a) ist es die Aufgabe von vornherein das Firmen-Zielsegment einzugrenzen und grundlegende Informationen zu diesem Firmenkreis einzuholen, z. B. Brancheninformationen, Branchenwachstum, Zukunftsaussichten, Branchenprobleme usw. Durch die Zusammenfassung ähnlicher Firmen in einem Segment erleichtert sich die Gestaltung der Ansprache pro Akquiseauftrag. Die Aufgabe von Punkt b) besteht darin, genau diese Firmenadressen zu recherchieren. Da die Entscheidungen in den Firmen von bestimmten Personen getroffen werden, besteht daraufhin die Herausforderung bei Punkt c) darin, diese Personen herauszubekommen und die internen Entscheidungsstrukturen transparent zu machen. Im Punkt d) müssen wertvolle Informationen zu den individuellen Wünschen, zum Produkt- und Dienstleistungsbedarf und möglichen Problemen der Firma gesucht und zusätzlich Informationen zu den Interessen der einzelnen Entscheider gewonnen werden[38]. Diese können später zur passenden Ansprache und zur Überzeugung genutzt werden.

Sobald die wertvollsten Adressen aus dem Segment herausgefiltert und die entsprechenden Informationen eingeholt wurden, erfolgt die Kontaktaufnahme. Im Abschnitt 3.1 ist somit zunächst die Definition des Zielsegments zu leisten, Abschnitt 3.2 erarbeitet die Generierung und Auswahl der Firmenadressen und Abschnitt 3.3 spannt den Bogen zur Kontaktführung.

---

[38] vgl. Boeing 2005

3.1 Definition des Zielsegments

Um die Akquisearbeit erfolgreich zu gestalten, muss das Zielsegment möglichst homogen sein. Die Definition der in Frage kommenden Firmen muss auf Ähnlichkeiten in Bezug auf deren Eigenschaften, Bedürfnisse, Interessen und Absichten abzielen. Als Segment für einen Akquiseauftrag können bspw. nur Hersteller aus einem speziellen Industriezweig gewählt werden. Die für das Segment recherchierten Informationen bilden dann später die Grundlage der Kommunikations- und Vertriebsstrategie gegenüber den potenziellen Kunden[39]. Bestimmte Akquisesegmente können so bspw. spezielle Preis- und Finanzierungsmodelle erfordern.

Welche Unternehmen kommen demnach generell als Kunden in Frage?

Einerseits Premium-Unternehmen, welche selbst im Premium-Segment agieren, bzw. mit Premium-Leistungen handeln. Andererseits Kunden, welche sich für den Kauf einer Premium-Qualitäts-Leistung aus bestimmten Gründen gewinnen lassen.

Premium-Kunden sind Leistungsträger bzw. Qualitätsführer in ihrem Marktsegment, sei es die Automobilbranche, Veranstalter, Ausstatter oder Agenturen. Bei Kunden, welche sich nicht zum Premium-Segment zählen, ist anzunehmen, dass sie sich nach intensiver Prüfung möglicherweise auch für ein Premium-Produkt entscheiden. Ein Grund dafür kann sein, dass es für ihre speziellen Absichten mehr Vorteile verschafft als eine einfache Lösung. Um den Zielmarkt zu vergrößern, sollte neben Premium-Unternehmen auch nach Firmen gesucht werden, welche ebenfalls einen ausreichenden Nutzen durch das Produkt haben.

Will man nun eine detaillierte Segmentierung vornehmen, ist es nötig die einzelnen Akquisezielgruppen durch die Zuordnung zu Marktsegmentierungsmerkmalen genauer zu erfassen. Mithilfe dieser Merkmale können Synergieeffekte innerhalb eines Segments erzielt werden. Zudem bietet sich eine detaillierte Segmentierung zur Marktabgrenzung an, um selbst ein klareres Angebotsprofil am Markt zu erreichen. Hermann Diller schlägt für Firmenkunden ein Modell zum organisationalen Beschaffungsverhalten vor[40].

---

[39] vgl. KfW-Bank 2005a, online

[40] vgl. Diller 2001, S. 1231

Nach seinen Kriterien lassen sich die Marktsegmente in folgende drei Bereiche gruppieren:

- *Organisationale Merkmale der Unternehmung:*
  Branchenzugehörigkeit, Unternehmensgröße, Rolle der Einkaufsfunktion sowie Regelungen und Abläufe im Entscheidungsprozess;
- *Merkmale des die Entscheidung beeinflussenden Kollektivs:*
  Größe und Aufbau der Gruppe, Rollenverteilung und Machtstrukturen;
- *Individualitätsmerkmale der Entscheider:*
  Eigenheiten bei der Informationsgewinnung, Beruf und Ausbildung, Verhaltensmotive und Einstellungen[41].

Da sich diese drei Kriterien ausschließlich mit der Strukturierung und Organisation der Unternehmung auseinandersetzen, erscheinen die folgenden zwei Gruppierungsmerkmale zu Zielen, Wünschen und Erfolgsmöglichkeiten als Ergänzung für die Segmentierung sinnvoll:

- *Marktorientierung der Unternehmung:*
  Dazu zählen die eigene Marktausrichtung, selbst auferlegte Marktziele und weitere Verpflichtungen die sich gesellschaftlich und politisch ergeben.
- *Zu erwartende Akquisechancen und Risiken:*
  Dies betrifft die zu erwartende Zugänglichkeit zum Verkauf und Bedarf für ein Multimedia-Produkt, den zu erwartenden Aufwand und die Chancen, die sich durch eine Akquise ergeben (Umsatzsteigerung, Multiplikation/Empfehlungsmarketing).

Mithilfe dieser fünf Gruppen ergibt sich eine genaue Akquisesegmentierung, denen sich die in Frage kommenden Unternehmen zuordnen lassen. Je wichtiger ein Unternehmen für die eigenen Erfolge erscheint, desto mehr Aufwand muss auch auf die genaue Informationsrecherche verwendet werden.

3.2 Recherche und Auswahl der Firmen

Nachdem das zu akquirierende Zielsegment definiert wurde, stellt sich eine der Hauptproblematiken der Akquise: Wie werden ausreichend qualifizierte Unternehmen ermittelt, um diese dann ansprechen zu können?

Im nächsten Abschnitt werden zunächst Methoden und Wege ausgearbeitet, um einen Adresspool zu erzeugen. Im Abschnitt 3.2.2 erfolgt dann eine Qua-

[41] vgl. ebenda

lifizierung dieses Pools, um die lukrativsten Adressen für die Ansprache herauszufiltern.

3.2.1 Die Adressgenerierung

Da es praktisch keine Untersuchungen zu den erfolgreichsten Methoden der Adressgenerierung gibt und Adressbroker im Graubereich der Werbebeschränkungen agieren, wird auf Basis von Literaturrecherchen eine eigene Methode erarbeitet.

Grundsätzlich sind zwei Gruppen von Adressgenerierung denkbar:

- Aktive Suche und Recherche sowie
- Passives ‚Finden-lassen'

Beide Varianten werden im Folgenden auf ihre Anwendung beleuchtet. Grundsätzlich gilt: Der Kreativität und Spontaneität sind keine Grenzen gesetzt, um immer neue Mittel und Wege zu finden und zu erfinden. Hinzu kommt, dass regelmäßig die Methoden auf ihre Effektivität überprüft werden müssen, um sie ggf. zu verändern oder auszutauschen. Interessant wäre hier eine Kostenrechnung als Vergleichsbasis, bei der die Kosten pro erfolgreichen Kontakt bzw. Erstansprache ermittelt werden können.

Zunächst die Optionen, die für eine aktive Suche aussichtsreich erscheinen:

Adressbroker:

- Bspw. über den Anbieter ‚Schober'. Es werden detaillierte Firmen- und Entscheider-Adressen aus 5,5 Mio. Einträgen verkauft; Preis pro Adresse etwa 4.50 €[42].

Kontaktbörsen:

- Online-Börsen: Hier ist ‚XING' eine gute Adresse, da dort für eine günstige Pauschale der Zugang zu einem weit verbreiteten Suchen-Finden-Netzwerk gewährt wird. Interessant ist die Suche nach bestimmten Branchen usw.
- Reale Kontaktbörsen: Zumeist regional angebotene Treffen als Plattform für Investoren und Anbieter; der klassische Austausch von Visitenkarten und Broschüren.

Verzeichnissuche:

- Branchensuche bei Gelbe-Seiten-Online oder GoYellow.com;

---

[42] vgl. Schober 2005, online

- Suche in den Verzeichnissen von Google oder Yahoo;
- Unternehmensverzeichnisse von Geschäfts- und Industrieparks.

Suche nach Neugründungen:

- Rolf Leicher (2005) verweist auf die rechtzeitige Etablierung bei Neugründungen: Anzeigen dieser Neugründungen sind in Tages- und Fachzeitschriften zu finden, bzw. über Anfragen bei IHK, HWK und Fachverbänden herauszubekommen[43].

Persönliche Kontakte:

- Lieferanten und Kunden nach weiteren potenziellen Interessenten und Neugründungen fragen;
- Besuch von Industrieparks und Geschäftsvierteln zur Niederschrift der Firmennamen und Adressen.

Sicherlich wird bei diesem Vorgehen bereits unbewusst eine Vorauswahl an Adressen getroffen. Ideal verläuft dies, wenn die Differenzierungskriterien aus Abschnitt 3.2.2 bereits ansatzweise verfolgt und im spontanen Erstkontakt die wichtigsten Informationen eingeholt werden.

Das passive ‚Finden-lassen' funktioniert nach der Pull-Methode, bei der die potenziellen Kunden auf die eigene Unternehmung zukommen und sich nach den Leistungen erkundigen. Wichtig ist die breite Präsenz der eigenen Unternehmung mit ihrem Kernnutzen für den Kunden, sodass bereits durch geringen Kontakt eine ausreichend hohe Aufmerksamkeit gewonnen wird.

Im Wesentlichen lassen sich drei Methoden feststellen:

Empfehlungsnetzwerk:

Verbreitung des eigenen guten Namens und Bitte um die Weiterempfehlung bei Kunden und Partnern. Denkbar ist auch ein Empfehlungsmarketing mit der Vergabe von Sach- bzw. Rabattprämien an Partner und Kunden[44].

Marketing-Akquisemethoden:
Hierzu zählen die geeigneten Aufmerksamkeitsmethoden:

- Virus-Marketing,
- Ethno-Marketing und
- Ambient Media.

[43] vgl. Leicher 2005, S. 7

[44] vgl. ebenda, S. 7

Firmen- und Angebotspräsenz:

- Angebotsdarstellung auf der eigenen Website
- Präsenz im Internet durch Suchmaschinen, Branchenverzeichnisse und bspw. Mehrwertdienste (extra betriebene Portale, bzw. Projekte)
- Präsenz bei branchenrelevanten Messen, Veranstaltungen usw.
- Namenspräsenz auf den verkauften Produkten

Die scheinbar effektivsten Methoden zum Auffinden von Kunden sind offenbar Kontaktbörsen wie ‚XING' und Verzeichnissuchen, da sich durch die Internetrecherche sehr schnell, zahlreiche Informationen sammeln lassen. Umgekehrt können gute Firmen gesucht werden, die durch ihre mangelnde Präsenz im Internet auffallen, um ihnen ein konkretes Kommunikationsangebot zu machen. Die Rentabilität von Adressbrokern muss mit Durchführung der Akquisestrategie geprüft werden, da sie im Gegensatz zu anderen Methoden auch eine große Zeitersparnis mit sich bringen. Zum ‚Finden-lassen' sind sowohl die drei gewählten Marketing-Akquisemethoden, als auch eine permanente Präsenz im Zielsegment wichtig. Erst der ausreichend große Adresspool ermöglicht der Unternehmung eine selbstbewusste Akquise und vermindert das Stresspotenzial bei Fehlschlägen[45].

3.2.2 Differenzierung mithilfe des Kundenwertes

Um mit dem gewonnenen Adressmaterial eine effektive Akquise betreiben zu können, muss durch eine sorgfältige Gewichtung entschieden werden, bei welchen Firmen sich der Akquiseaufwand lohnt. Dies kann zum einen basierend auf dem Kundenwert und zum anderen auf Basis der Akquisemöglichkeiten entschieden werden. Denn auch eine weniger wertvolle Firma, die sich schnell gewinnen lässt, kann für die eigene Unternehmung gewinnbringend sein.

---

[45] vgl. ebenda, S. 7

In Anlehnung an das Kundenportfolio-Fenster der Boston Consulting Group[46], soll mithilfe dieser zwei Dimensionen eine Gewichtung im Adresspool erstellt werden:

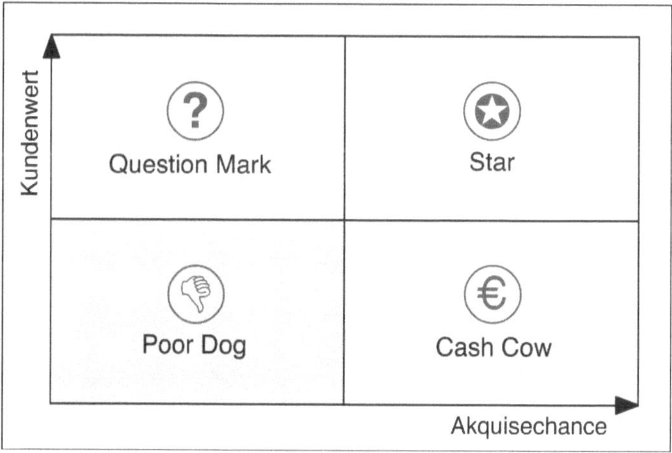

Abbildung 5: Akquisepotenzial-Matrix[47]

Auch bei der ungewöhnlichen Wahl der Parameter ‚Kundenwert' und ‚Akquisechance', funktioniert die Gewichtung in der Eisenhowermatrix: Ein Kunde mit geringem Wert für die eigene Unternehmung und geringen Akquisechancen werden von vornherein nicht akquiriert. Ist er dagegen leicht akquirierbar, so halten sich die einzusetzenden Akquisekosten und -risiken in Grenzen. Es wird vermutlich ein mittelständisches Unternehmen sein, welches sich zur Basissicherung des Umsatzes eignet. Beim ‚Question Mark'-Unternehmen ist zwar der Kundenwert hoch, aber auch die Chancen gering und dementsprechend risikobehaftet. Beim so genannten ‚Star', einem Unternehmen, welches dementsprechend einen hohen Wert hat, als auch leicht akquirierbar erscheint, darf mit der Akquise nicht gezögert werden. Dieses Unternehmen muss umgehend mit hoher Priorität für das eigene Portfolio gewonnen und dafür entsprechende Ressourcen zur Verfügung gestellt werden.

---

[46] vgl. Schmoll 1996, S. 134

[47] Quelle: Eigene Darstellung

Der einzustufende Kundenwert lässt sich durch die folgenden fünf Faktoren bestimmen:

- *Unternehmensgröße:*
  Stabilität und Umsatz des Unternehmens;
- *Informationswert:*
  Wert der (Branchen-)Informationen und möglichen Zuarbeit an Material;
- *Referenzwert:*
  Wert der Weiterempfehlungen und Image-Effekte durch das Unternehmen;
- *Cross-Selling-Potenzial:*
  Weitere Produkte, welche das Unternehmen möglicherweise kauft[48];
- *Profitabilität des Erstauftrags:*
  Erwarteter Umsatz und Gewinn des zu akquirierenden Auftrags.

Das letzte Kriterium ist bei der Akquise besonders in kleineren Unternehmen relevant, da sich dort Kosten und Aufwand so schnell wie möglich amortisieren müssen.

Wie kann jetzt eine solche Gewichtung vorgenommen werden? Eignen würde sich dafür ein Bewertungsraster, anhand dessen das Akquisepotenzial eingestuft werden kann. Rolf Leicher[49] stellt dafür einen Kundenprofilbogen vor, mit dem anhand von zwölf Fragen und durch die Vergabe von Punkten eine Adressbewertung vorgenommen wird. Dieser Bogen soll als Grundlage dienen, um eine Priorisierung in den zwei Dimensionen Kundenwert und Akquisechance vorzunehmen.

---

[48] vgl. Diller 2002, S. 197

[49] vgl. Leicher 2005

Der Kundenwertbogen setzt sich aus den zuvor festgestellten fünf Kriterien zum Kundenwert zusammen und wird durch Kriterien von Rolf Leicher ergänzt:

- Bewertung des Kundenwertes -		5	4	3	2	1	
1. Unternehmensgröße	sehr groß						sehr klein
2. Informationswert	sehr hoch						sehr niedrig
3. Referenzwert (zu erwartende Weiterempfehlungen und Image-Effekte)	sehr gut						sehr schlecht
4. Cross-Selling-Potenzial	sehr hoch						sehr niedrig
5. Profitabilität des Erstauftrags	sehr hoch						sehr niedrig
6. Sortiment, Produkte; (Standard oder Extras)	sehr gut						sehr schlecht
7. Bonität	sehr gut						sehr schlecht
8. Imagewert des Unternehmens (Marktführer vs. Kleinbetrieb)	Marktführer						Kleinbetrieb
9. Auftragsgröße (erwarteter Umfang)	sehr hoch						sehr niedrig

Tabelle 2: Gewichtung des Kundenwertes[50]

Durch die Vergabe von maximal fünf Punkten je Bewertungskategorie sind für ein Unternehmen maximal 45 Punkte zu erreichen. Es empfiehlt sich dabei, Kunden, die im Kundenwert mehr als die Hälfte erreichen als ‚Question Mark' bzw. ‚Star' einzustufen.

Die Gewichtung der zweiten Dimension, der Akquisechance, lässt sich weitaus schwieriger vornehmen. Als Grundlage werden eigene Vermutungen herangezogen und durch die Bewertungsfragen von Rolf Leicher[51] ergänzt:

- *Wert-Vorteile für den Kunden:*
  Wie hochwertig ist die Zeitersparnis, die Gewinnsteigerung bzw. der Marketing- und Imageeffekt für den Kunden?
- *Akquisezugänglichkeit:*
  Wie einfach sind die zu beschreitenden Entscheidungswege in dem Unternehmen? Wie groß ist die Konkurrenzsituation?

---

[50] Quelle: Eigene Darstellung

[51] vgl. ebenda

- *Charakterstimmigkeit:*
  Die persönliche Komponente muss mit dem Unternehmen übereinstimmen: passt der Kunde zur eigenen Unternehmung? Passen Entscheider auf der einen Seite und Akquisemitarbeiter auf der anderen Seite zusammen? Ist somit ein positives Wohlwollen vonseiten des potenziellen Kunden möglich?
- *Erreichbarkeit:*
  Das Unternehmen muss gut erreichbar sein, sodass ein Kurzbesuch bzw. eine Präsentation mit wenig Aufwand verbunden ist.

Diese Anforderungen sollen in folgender Tabelle bewert- und einschätzbar werden:

- Bewertung der Akquisechance -		5	4	3	2	1	
1. Produktvorteile des Kunden	sehr hoch						sehr niedrig
2. Interessenlage, Bedarf an Dienstleistung	sehr hoch						sehr niedrig
3. Vertrautheit mit Technologie	sehr hoch						sehr wenig
4. Umfang der Entscheider, des Buyingcenter	sehr gering						sehr groß
5. Konkurrenzsituation	sehr gering						sehr hoch
6. Charakterähnlichkeit zw. Entscheider und Akquisemitarbeiter	sehr hoch						sehr gering
7. Branchenzugehörigkeit, Übereinstimmung mit eigenen Stammkunden	sehr hoch						sehr gering
8. Erreichbarkeit der Entscheider	sehr gut						sehr schlecht
9. Liefertermine, langfristige Bedarfsmeldung	sehr kurz						sehr lang

Tabelle 3: Bewertung der Akquisechance eines Unternehmens[52]

Auch hier ergeben sich maximal 45 Punkte, und auch hier sollten Kunden mit mehr als 23 Punkten als chancenreiche ‚Stars', bzw. ‚Cash Cows' eingestuft werden.

Selbstverständlich bedingt diese subjektiv erstellte Tabelle einer Kalibrierung. So kann hier, auch durch den Mangel an einschlägigen Studien, nicht sicher-

[52] Quelle: Eigene Darstellung

gestellt werden, ob alle für die Praxis relevanten Kriterien einbezogen wurden. Möglicherweise wird durch die Erfahrungen in der Anwendung auch eine unterschiedliche Gewichtung der einzelnen Kriterien durch eine Faktorisierung sinnvoll.

Durch die Eintragung der zwei ermittelten Dimensionen in die Akquisepotenzial-Matrix ergibt sich die eingangs gewünschte Bewertung eines Unternehmens. In einer ausreichend großen Grafik lassen sich die verschiedenen Unternehmen einschließlich ihres geschätzten Akquisestatus eintragen.

Das Ergebnis ist eine Abbildung, mit dem aktuellen Stand eines Akquiseauftrags:

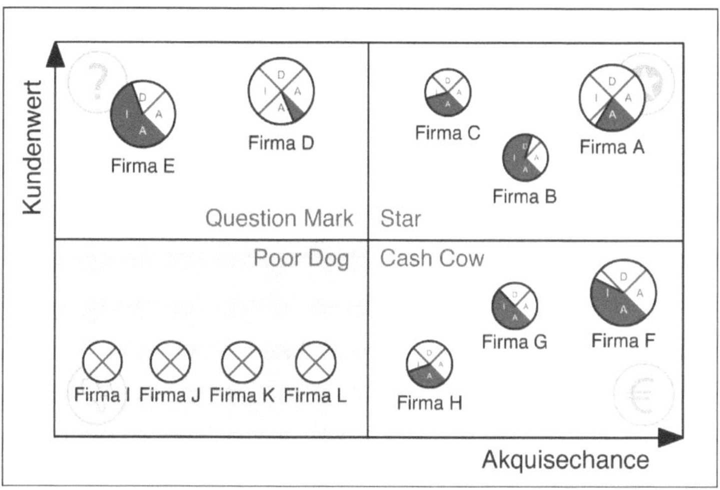

Abbildung: 6: Akquisepotenzial-Matrix mit geschätztem Akquisestatus[53]

Zu beachten ist, dass die Auswertung anhand subjektiver Bewertung eben auch ein subjektiv geprägtes Ergebnis erzeugt. Dafür ist sie allerdings eine einfache und schnelle Bewertungsmethode. Die Organisation dieser Bewertungsdaten und die entsprechende Auswertung und Darstellung kann entweder durch eine einfache Excel-Datei oder eine spezielle Software erfolgen.

[53] Quelle: Eigene Darstellung

3.2.3 Möglichkeiten zur Informationsrecherche

Um Informationen zur Kundendifferenzierung zu ermitteln, Entscheider aufzufinden und Unternehmensinformationen zu recherchieren, stehen im Wesentlichen drei verschiedene Wege zur Verfügung:

> Möglichkeit 1: *Frei zugängliche Medien* – Informationsanteil 50%[54]; *Internet:* Es eignet sich zur Recherche von allgemeinen Informationen zu Produkten, Philosophie, Unternehmensdaten, Pressemitteilungen und Kontakt.
> *Publikationen:* Dazu zählen alle von dem Unternehmen herausgegebenen Drucksachen, wie Geschäftsberichte, Mitarbeiterzeitungen, Pressemeldungen, Bücher, Forschungsberichte usw.
> *Sonstige:* Zusätzlich können weitere Quellen wie Zeitungen, die Befragung von Kunden und Mitarbeitern, Branchenberichte usw. genutzt werden.
>
> Möglichkeit 2: *Telefon* – Informationsanteil 20%[55]; das Telefon bietet sehr individuelle Informationsmöglichkeiten durch die direkte Rückkopplung des Mediums, zudem ist es möglich einen ersten positiven Eindruck zu machen und Aufmerksamkeit zu gewinnen.
>
> Möglichkeit 3: *Persönlicher Kontakt* – Informationsanteil 30%[56]; diese Recherche bezieht sich auf den direkten Kontakt zum Entscheider. Hier ist eine sehr detaillierte Informationsbeschaffung möglich, da Wünsche und Ziele auch direkt geäußert werden. Hinzu kommt die Möglichkeit der ersten direkten Überzeugung.

Es empfiehlt sich, diese drei Möglichkeiten der Reihenfolge nach abzuarbeiten; hierbei sollte vorab so viel wie möglich durch die frei zugänglichen Medien recherchiert werden. Zunächst ist es wichtig, sich einen Überblick zum Unternehmen zu verschaffen: Geschäftsziele, Unternehmensgröße, Kontaktdaten, Umsatz, Produkte und Leistungen. Auf diese Weise kann später Kompetenz gezeigt und ein besonderes Interesse dem Unternehmen gegenüber vermittelt werden.

---

[54] vgl. Leicher 2005, S. 9

[55] vgl. ebenda

[56] vgl. ebenda

Sobald das Unternehmen direkt, ob per Telefon oder persönlich, angesprochen wird, beginnt die wichtige Kommunikationsphase. Dieser Schritt ist entscheidend, da ab hier die Überzeugung und Präsentation gegenüber dem Interessenten beginnt: Attention, Interest, Desire und Action.

Per Telefon bietet es sich an, zuerst über die Sekretärin die Entscheider zu recherchieren:

- Zuständigkeiten im Betrieb,
- Name und Schreibweise des/der Entscheider,
- Telefon, Fax und E-Mail und
- die günstigste Erreichbarkeit[57].

Möglicherweise bietet sich auch ein persönlicher Besuch zur ersten Kontaktaufnahme an, bei dem mit der Sekretärin direkt oder auch mit Entscheidern gesprochen werden kann. Bei der Gelegenheit lassen sich detaillierte Informationen über die Wünsche und Vorstellungen des Unternehmens sammeln; erste Absprachen können bereits getroffen werden.

Fazit ist, sich im Vorhinein ein detailliertes Bild von dem Unternehmen zu machen, bevor ein erster direkter Kontakt erfolgt. Anschließend können dem potenziellen Kunden gegenüber die richtigen und wichtigen Fragen gestellt werden. Die Wahl der richtigen Fragen kann dann als gezielte Methode der Überzeugung genutzt werden, da dem potenziellen Kunden ein aktives und lösungsorientiertes Engagement vermittelt werden kann.

3.3 Kontaktführung zu den Entscheidern

Nach der Auswahl der Firmen und der Fixierung der Entscheider stellt sich die Frage nach einer geeigneten Kontaktführung. Um ein Vorgehensmodell zur Ansprache zu entwerfen, werden zunächst die zur Verfügung stehenden Instrumente auf ihre Eignung überprüft. Danach werden rechtliche Grenzen bei einer werblichen Ansprache erläutert und abschließend wird das Vorgehensmodell zur Kontaktführung entwickelt.

3.3.1 Auswahl geeigneter Akquiseinstrumente

Für die Ansprache zum Kunden stehen die vielfältigsten Kontaktkanäle zur Verfügung, so sind Werbemaßnahmen aller Art möglich, der Besuch von Klientel-Veranstaltungen, das Halten von Seminaren oder auch die klassischen Methoden Telefon und Brief.

---

[57] vgl. ebenda, S. 9

In der folgenden Grafik werden die am weitesten verbreiteten Methoden zusammengestellt:

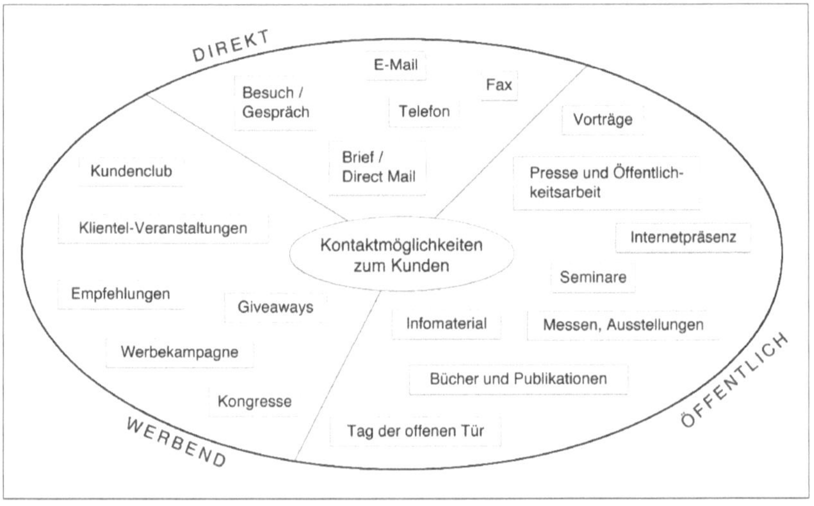

Abbildung 7: Kontaktmöglichkeiten zum Kunden[58]

Die jeweiligen Instrumente eignen sich im Akquiseprozess für unterschiedliche Aufgaben. Die Orientierung an dem AIDA-Stufenmodell impliziert zudem, dass für die einzelnen Stufen der Akquise auf die verschiedensten Instrumente zurückgegriffen werden sollte.

[58] Quelle: Eigene Abbildung

Die Ermittlung der Vor- und Nachteile der relevantesten Instrumente und die daraus resultierende Eignung werden in folgender Tabelle schematisch erfasst:

Instrument	Vorteile	Nachteile
Telefon	▫ schnellste Kontaktmöglichkeit ▫ geringer Aufwand, preisgünstig ▫ direkte Reaktion des Kunden möglich ▫ viele Kontakte pro Tag möglich ▫ Nutzung von Gesprächsnotizen	▫ professionelle Durchführung notwendig, um Negativreaktionen vorzubeugen ▫ fehlende visuelle Kommunikation ▫ ein Anruf ist leicht abzublocken
	Eignet sich zum schnellen Erstkontakt, zu Informationsrecherchen, schnellen Rücksprachen und zur Nachakquise.	
Brief / Direct Mail	▫ hohe Aufmerksamkeit, ungestörtes Befassen mit den Werbeinformationen ist möglich ▫ Möglichkeit individueller Ansprache ▫ Interaktionen im Zusammenspiel mit dem Marketingkonzept möglich ▫ Reaktionserfolge messbar ▫ in Massen versendbar	▫ längerfristige Planung und Durchführung erforderlich ▫ Massenaussendungen sind kaum nachzubearbeiten ▫ Barriere durch firmeninterne Postöffnungsverfahren ▫ ggf. Werbeüberflutung und hohe Wegwerfquote
	Eignet sich zur Erstansprache in großem Umfang, detaillierte Produktinformationen bzw. auch Einladungen zu Vorlesungen, Messen oder Seminaren.	
Fax	▫ schnelle Übermittlung einer gedruckten Information ▫ durch direkte Adressierung hohe Weiterleitungschance ▫ hohe Aufmerksamkeitschance	▫ schlechte Qualität des Ausgabemediums (s/w, grobkörnig) ▫ kein persönliches Medium ▫ erhöhter Weiterleitungsaufwand durch meist geringe Zahl an Faxgeräten
	Eignet sich zum schnellen Bestätigen von Terminen bzw. zum schnellen Übermitteln einer Papiernotiz.	

E-Mail	▫ gute Erreichbarkeit und Reaktionschance ▫ persönlicher Kontakt durch persönliche E-Mail-Adressen ▫ digitale Verwendbarkeit: Weiterleiten, automatische Speicherung, druckbar ▫ preiswertes Medium	▫ bei nicht angeforderten Werbe-E-Mails rechtlich bedenklich ▫ ggf. unzureichender Abruf und Verwendung von E-Mails
	Eignet sich zum Bestätigen von Terminen und für schnellen Versand von digitalen Daten.	
Besuch / persönliches Gespräch	▫ direkte Beeinflussung des Interessenten, volle Ausschöpfung der verbalen und nonverbalen Kommunikation ▫ Demonstrationen möglich ▫ unmittelbare Reaktionsmöglichkeit ▫ sehr individuelle und gezielte Kommunikation ▫ Vermittlung von Sympathiewerten	▫ sehr zeit- und kostenintensiv pro Kontakt ▫ erfordert gut geschulte und motivierte Mitarbeiter ▫ meist ein Termin nötig
	Eignet sich für alle Ansprachen, solange dadurch keine Belästigung bzw. Irritationen entstehen. Beste Eignung als Verkaufsgespräch.	
PR- und Öffentlichkeitsarbeit	▫ hohe Öffentlichkeitswirkung ▫ Vertrauens- und Imagebildung ▫ Integration mit anderen Kommunikationsmaßnahmen möglich	▫ Erfolge schlecht messbar ▫ sehr zeitintensiv
	Eignet sich vorrangig zur Erzeugung von Aufmerksamkeit, zur Verbreitung des eigenen Namens und zur Imagebildung.	

Klientel-Veranstaltungen	▫ Ansprache bestimmter Zielpersonen ▫ sofortige Reaktionsmöglichkeit ▫ Herstellen persönlicher Kontakte mit Langzeiterinnerung ▫ Profilierungschance, Imagegewinn und Bildung von Loyalität	▫ bei professioneller Durchführung hoher Zeit- und Vorbereitungsaufwand ▫ begrenzte Kontaktanzahl ▫ Veranstaltung überstrahlt ggf. das eigene Produkt bzw. Angebot
	Eignet sich für die Erzeugung von Aufmerksamkeit und Interesse, mit Vorbereitung der Fortführung des Kontakts.	
Messen / Ausstellungen	▫ hoher Interessengrad der Besucher ▫ vertrauensbildend ▫ viele Kontakte möglich	▫ Überinformation der Besucher ▫ kosten- und zeitaufwendig, ggf. hoher Planungsaufwand
	Eignet sich durch die Möglichkeit zu persönlicher Beeinflussung für die Interest- und Desire-Phase.	
Vorträge	▫ Gruppeneffekte bei Zuhörern ▫ optimale Präsentationsmöglichkeit	▫ hohe Erwartungen an den Wert der Vorlesung ▫ große Zuhörergruppen kaum nachbearbeitbar ▫ zeitaufwendig
	Eignet sich vorrangig zur Erzeugung von Aufmerksamkeit und Image, aber auch zur Vorbereitung von Interest und Desire.	
Seminare	▫ Gruppeneffekte bei Zuhörern ▫ lange Beeinflussungszeit ▫ Beziehungszugewinn ▫ Neuorientierung der Kunden möglich	▫ hohe Erwartungen an den Wert des Seminars ▫ ebenso aufwendig wie gute Vorträge
	Eignet sich durch die lange Beeinflussung vorrangig zur Erzeugung von Interest und Desire.	

Website	▫ permanente Erreichbarkeit von Informationen ▫ multimediale Präsentation ▫ Imageaufbau ▫ Methoden zur Adressgenerierung	▫ Zeitaufwand ▫ ggf. Mehrwert zu schaffen, um Bekanntheit zu steigern
	Eignet sich durch die permanente Erreichbarkeit zur Informationsbereitstellung und zur Bildung von Interesse. Ein hoher Mehrwert schafft Aufmerksamkeit und Imagebildung.	
Werbung	▫ Erhöhung der Bekanntheit ▫ langfristige Profilierung ▫ Integration von Elementen zur Adressgenerierung ▫ Integration zu anderen Kommunikationsmaßnahmen möglich	▫ planungs- und kostenintensiv ▫ begrenzter Umfang der Werbebotschaft ▫ hohe Streuverluste
	Eignet sich zur Erzeugung von Aufmerksamkeit und zur Vorbereitung des Interesses.	
Empfehlungen	▫ hoher Vertrauensvorschuss ▫ Beeinflussung durch Sympathieträger des Empfängers (‚Imagetransfer') ▫ Größere Bekanntheit ▫ hohe Erfolgschancen	▫ zeit- und arbeitsintensiv ▫ Aufbau sehr hoher Erwartungen
	Eignet sich zur direkten Erzeugung eines Interesses durch die Empfehlung eines Sympathieträgers.	
Kundenklub	▫ hohe Kundenidentifikation ▫ enger Zusammenhalt ▫ hohe Loyalität	▫ permanente Betreuung: zeit- und ggf. kostenintensiv ▫ Mehrwert muss geschaffen werden, sonst Imageverlust
	Eignet sich für Aufmerksamkeit durch einen Mehrwert.	

Tabelle 4: Instrumente zur Kundenansprache[59]

[59] Quelle: eigene Darstellung, vgl. Verweyen 1997, S. 19ff. / vgl. Detroy 2000, S. 35ff.

Grundsätzlich lässt sich festhalten, dass die Vielzahl der zur Verfügung stehenden Instrumente eine kreative und attraktive Akquiseansprache ermöglichen und dementsprechend umfassend und effizient auszuschöpfen ist.

Über die einzelnen Erfolgsaussichten der Methoden lässt sich aus der Literatur wenig ablesen. Für Firmenkunden zeigt Rolf Leicher (2005) auf, dass auf etwa 1000 Mailings 30 Antworten erfolgen, die drei Gespräche und letztendlich einen Abschluss nach sich ziehen[60]. Wird ein Mailing mit 4 € angesetzt (Konzeption, Gestaltung, Druck, Adresskosten und Versand), wären dies horrende Akquisekosten pro Kunde. Ziel der Strategie könnte sein, aus 100 Mailings 20 Interessenten mit vier Gesprächen mit einem Abschluss zu generieren.

Die in der Tabelle erarbeiteten Eignungen werden im Abschnitt 3.3.3 der Akquiseansprache zugeordnet. Besonders interessant dabei ist das Zusammenspiel der einzelnen Instrumente, wenn Attention und Interest, die aus einem Vortrag folgen, mithilfe eines Briefs bzw. Anrufs zur Erzeugung eines konkreten Kaufbedürfnisses (Desire) genutzt werden.

Von Interesse ist ebenfalls das Faktum, dass mit steigenden Kosten pro Kontakt die Überflutungsgefahr durch Konkurrenten abnimmt. Ist diese Gefahr bei Postwurfsendungen noch sehr hoch, nimmt sie bei Seminaren und persönlichen Besuchen stark ab.

3.3.2 Rechtliche Einschränkungen bei der Ansprache

In diesem Abschnitt werden die rechtlichen Einschränkungen der werblichen Ansprache untersucht, um im nächsten Abschnitt eine geeignete Methode zur Ansprache der Entscheider festlegen zu können. Diese Untersuchung betrifft die aktiven Kontaktmedien Telefon, Fax, E-Mail und persönlicher Besuch.

Bei der Verwendung des Telefons stellen Werbeanrufe laut Evers grundsätzlich eine Belästigung dar. Diese können den Angerufenen unangenehm überrumpeln, den innerbetrieblichen Ablauf stören, belästigen und den Anschluss blockieren[61]. Sobald keine konkrete Einwilligung des Empfängers vorliegt und die Belästigungen als unzumutbar einzustufen sind, verstoßen sie gegen das UWG §7 (2) im Sinne von §3[62]. „Praktisch ist die Telefonwerbung also auch im gewerblichen Bereich nur gerechtfertigt, wenn eine ausdrückliche oder schlüssige Einverständniserklärung des Anzurufenden vorliegt“[63]. Dabei reicht

[60] vgl. Leicher 2005, S. 22

[61] vgl. Evers 1998, S. 6ff.

[62] vgl. UWG 2004, S. 4

[63] Evers 1998, S. 12

laut Landgericht Berlin die Vermutung auf ein Interesse des Empfängers aufgrund begründeter Tatsachen aus, um die Rechtfertigung zu gewährleisten[64]. Diese Vermutung ist bereits dann gegeben, sobald es sich unmittelbar oder indirekt um die geschäftlichen Tätigkeiten des Empfängers handelt[65]. Grundsätzlich wird von den Gerichten der Überrumpelungseffekt als kritisch angesehen, so darf bei einem Telefonanruf also nicht die Entscheidungsfreiheit des Empfängers eingeschränkt werden[66].

Auch bei der Ansprache per Fax und E-Mail muss eine begründete Vermutung des Interesses seitens des Empfängers vorliegen. Die zeitliche Belästigung wird für den Empfänger meist geringer ausfallen, als am Telefon, da ein Werbetext schneller erkannt wird und die Entscheidungsfreiheit über lesen oder aussortieren einfach gegeben ist. Rechtlich bedenklich ist die Belästigung, wenn das Faxgerät, und damit Papier, Toner, Leitung und Zeit, massenhaft in Anspruch genommen werden, wenn es bspw. im Wettbewerb zu Nachahmungseffekten kommt oder auch nur die Gefahr dazu besteht: „Auf diese Weise könnte die Belästigung zu einem unerträglichen Maß anschwellen“[67]. Hier kann eine Unternehmung bereits bei der Gefahr abgemahnt werden[68].

In diesem Zusammenhang kritisch zu sehen ist auch der unerwünschte Versand von E-Mails. Da das Werbevolumen im Internet bereits auf eine unzumutbare Dimension angewachsen ist.

Im Unterschied zu den Telemedien sind Vertreterbesuche grundsätzlich zulässig. Sie müssen sich im Bereich der guten Sitten bewegen und dürfen die Entscheidungsfreiheit des Empfängers nicht einschränken. Dies trifft zum Beispiel dann zu, wenn der Adressat durch das Vorgeben falscher Sachverhalte unter Druck gesetzt bzw. genötigt wird.

Unbedenklich sind Vertreterbesuche, sobald diese mit einer Möglichkeit zum einfachen Widerruf, bspw. durch eine frankierte Rückantwortkarte, angekündigt wurden[69].

---

[64] vgl. LG Berlin 1973

[65] vgl. Evers 1998, S. 12

[66] vgl. ebenda, S. 7

[67] ebenda, S. 14

[68] vgl. ebenda

[69] vgl. ebenda, S. 16

Die Werbung und Ansprache per Brief ist laut Beschluss des Landgerichts Traunstein zulässig[70]. Der Inhaber eines Briefkastens kann sich jedoch mithilfe eines Aufklebers gegen Postwurfsendungen wehren[71].

Alle weiteren Werbeformen, wie Inserate und Anzeigen, bewegen sich im normalen geschäftstreibenden Rechtsrahmen. Dieser schließt irreführende Werbung nach UWG §5 und strafbare Werbung nach UWG §16 aus[72]. Dazu zählt Werbung, bei der falsche Angaben zum Produkt, oder Angaben welche andere Produkteigenschaften vermuten lassen, gemacht wurden. Des Weiteren ist dies der Fall, wenn dem Kunden gesetzlich geregelte Produkt- bzw. Handelseinschränkungen nicht bekannt gemacht werden[73]. Hinzu kommen Werbeverbote vom Gesetzgeber, die sich zurzeit jedoch nicht auf das gewählte Zielsegment auswirken.

Im Bereich der Rechtsfragen lässt sich abschließend zusammenfassen, dass die Akquisestrategie für das gewählte Zielsegment wenige Probleme beinhaltet. Die Ansprache darf weder Nötigung betreiben, noch gegen die guten Sitten verstoßen, was von vornherein ausgeschlossen werden soll. Bei den Telemedien kommt hinzu, dass durch die Wahl des Mediums keine massive Belästigung entsteht und ein begründetes Interesse des Empfängers zu vermuten ist. Unrechtmäßige Belästigungen und Wettbewerbsverstöße sind sowohl auf Beseitigung und Unterlassung[74] sowie auf Schadenersatz[75] verklagbar[76].

3.3.3 Ausarbeitung einer Vorgehensweise zur Kontaktführung

Nach der Übersicht über die Kommunikationsinstrumente und der Ausarbeitung der rechtlichen Beschränkungen wird in diesem Abschnitt das geeignete Vorgehen bei der Ansprache aufgezeigt.

---

[70] vgl. LG Traunstein 1988

[71] vgl. Evers 1998, S. 17

[72] vgl. UWG 2004, S. 3 und S. 10

[73] vgl. Evers 2004, S. 17f. und S. 41

[74] UWG §8

[75] UWG §9

[76] vgl. UWG 2004, S. 6

Hier soll wieder auf das Stufenmodell AIDA zurückgegriffen werden. Den vier Phasen kamen dabei die folgenden Aufgaben zu:

1. Aufmerksamkeitsgewinnung und Bekanntmachung,
2. Wecken eines Kaufinteresses beim Kunden
3. Überzeugen vom Produkt, um Kaufbedürfnis zu wecken,
4. Interne Entscheidung und Kaufabschluss begleiten.

Dem Kaufabschluss lässt sich anschließend die Phase der Nachakquise ergänzen.

Um entsprechend dieses Stufenmodells ein Vorgehen mithilfe der einzelnen Kontaktinstrumente ausarbeiten zu können, wird die Methode der ‚Morphologie' genutzt. Diese Technik dient der Ermittlung eines Vorgehens aus einer Ansammlung von verschiedenen Möglichkeiten. Die folgende Tabelle zeigt in der X-Dimension die einzelnen Phasen des Kontakts und in der Y-Dimension die bereits untersuchten Kontaktinstrumente. Die farbliche Untergliederung der einzelnen Zuordnungsfelder stellt die erarbeitete Eignung der Instrumente in der jeweiligen Relation dar.

Die Kontaktphasen Attention, Interest, Desire und Nachakquise sind in zusätzliche Unterphasen unterteilt, um eine mehrfache Ansprache innerhalb einer Phase darstellen zu können. So nennt Rolf Leicher folgende Erfolgsaussichten für mehrfache Kontaktaufnahmen:

20% der Aufträge können beim Erstbesuch gewonnen werden,

25% aller Aufträge werden beim Zweitbesuch gewonnen,

40% der Aufträge sind beim dritten Besuch oder Telefonanruf erfolgreich,

15% aller Aufträge sind bei vier und mehr Kontakten noch möglich[77].

Es wird sich demnach meist im Verlauf der Akquise herausstellen, ob innerhalb einer Phase eine weitere Ansprache erfolgen sollte.

[77] vgl. Leicher 2005, S. 22

	Attention >			Interest >		Desire >		Action	Nachakquise		
Direkte Ansprache:											
Telefon				X 6.10					X 49. KW		
E-Mail										X 49. KW	
Fax											
Direct Mail / Brief	X 3.10.										
Besuch											
Veranstaltungen											
Verkaufsgespräch							X 41. KW				
Vortrag											
Kundenklub											
Seminar											
Messe/Ausstellung											
Indirekte Ansprache:											
Empfehlung											
Website / Online-PR			X								
PR- und Öffentlichkeitsarbeit		X									
Werbung											

☐ gut geeignet ☐ weniger gut geeignet ☐ zu vermeiden

Tabelle 5: Beispiel eines morphologischen Kastens zum Einsatz der Kommunikationsinstrumente[78]

Der entwickelte morphologische Kasten stellt offensichtlich ein hervorragendes Instrument zur Festlegung der Ansprache dar. So ergeben sich praktisch zwei Anwendungen: Zuallererst das Vorplanen und Festlegen einer Verfahrensweise von Beginn an und des weiteren die individuelle Planung des Fortgangs einer bereits begonnenen Kommunikation. Dies ist bspw. dann der Fall, wenn ein potenzieller Kunde bereits auf einer Messe sein Interesse bekundet hat und jetzt für die eigenen Leistungen weiter zu überzeugen ist. Grundsätzlich bietet sich dabei an, das Medium der Ansprache regelmäßig zu ändern.

[78] Quelle: Eigene Darstellung

Auf die Weise kann eine gewisse Spannung zwischen den einzelnen Medien und damit eine erhöhte Aufmerksamkeit erzeugt werden.

Wichtig für die Verwendung ist, dass die einzelnen Phasen nicht als abgeschlossene Einheiten betrachtet werden, sondern vielmehr als ein ineinander greifender Verlauf zu verstehen sind. Die Anwendung eines Kommunikationsinstrumentes kann auch auf einzelne Phasen bzw. Teilphasen übergreifen. Die Anzahl der benötigten Ansprachen wird sich voraussichtlich entgegengesetzt proportional zur Akquisechance verhalten: D. h., je geringer die Akquisechance ist, desto mehr Kontaktaufnahmen sind einzuplanen.

Die Zuverlässigkeit der Funktionsweise des morphologischen Kastens ist jedoch einzuschränken. Die Bewertung der einzelnen Relationen basiert auf den Grundüberlegungen von Abschnitt 3.3.1 und bedarf unbedingt einer praktischen Überprüfung. Für den Einsatz in der Praxis bietet es sich an, für jeden Kunden einen solchen morphologischen Kasten anzulegen. In diesem können die einzelnen Ansprachen terminiert werden. Somit ist die bereits erfolgte Kommunikation dokumentiert und das weitere Vorgehen lässt sich entsprechend festlegen bzw. anpassen. Zudem bietet sich die Möglichkeit, auf individuelle Änderungen im Akquisestatus schneller zu reagieren.

Um bei jedem Akquiseneubeginn auf ein Standardvorgehen zurückgreifen zu können, wird abschließend ein möglichst günstiger Kommunikationsweg als Standard entworfen. Dieser soll dann zutreffen, wenn die Unternehmen aus dem Adresspool direkt angesprochen werden.

Attention-Phase:

Die erste Ansprache des Entscheiders empfiehlt sich per Brief. In diesem wird der Produktnutzen kommuniziert und auf den folgenden terminierten und auch ‚vermeidbaren' Telefonanruf hingewiesen: „Um Ihnen die Terminalsoftware näher vorstellen zu können, rufe ich sie am Donnerstag gegen Mittag an. Falls dieser Zeitpunkt für Sie ungünstig ist, bitte ich Sie um eine kurze E-Mail an Max. Mustermann@medien-service-gmbh.de".

Auf diese Weise ist der potenzielle Kunde vorbereitet, hat die Möglichkeit, sich bereits Gedanken zu machen sowie die Möglichkeit den Termin abzusagen bzw. zu verschieben. Während des Anrufs kann auf diesen Brief Bezug genommen werden. Wurde dieser nicht gelesen, erfolgt durch das ‚Versäumnisgefühl' des Kunden ggf. eine erhöhte Aufmerksamkeit am Telefon.

Interest-Phase:

Das erste konkrete Interesse des Kunden soll am Telefon erzeugt werden. Das Zweikanal-Medium bietet eine direkte Rückkopplung und die Möglichkeit, auf die Individualität des Kunden und seine Problematik gezielter eingehen zu können. Ziel dieses Anrufes ist es, dem Kunden ein persönliches Gespräch zu

‚verkaufen', d. h., er ist durch wenige Worte von dem Mehrwert eines persönlichen Gesprächs zu überzeugen.

Als Gesprächseinstieg kann der Brief genutzt werden. Nach Wolf Lasko bietet dieser Einstieg drei Möglichkeiten, auf den Kunden zu reagieren:

- Der Kunde hat den Brief gelesen:
  Daraufhin sollte man sich ein Feedback geben lassen, den Kunden von einem persönlichen Gespräch überzeugen und den Termin vereinbaren.
- Der Kunde hat den Brief nicht gelesen, ist aber positiv aufgeschlossen: Zunächst werden kurze Informationen zum Produktnutzen dargestellt und dann zu einem persönlichen Gespräch überzeugt. Danach erfolgt ebenfalls die Terminvereinbarung.
- Hat der Kunde weder den Brief gelesen, noch ist er positiv aufgeschlossen, sollte *der* Hauptnutzen genannt werden und auf das Zusenden eines detaillierten Briefes hingewiesen werden. Nach diesem wird erneut angerufen[79].

Desire-Phase:

In der wichtigsten Phase gilt es den potenziellen Kunden, mit möglichst optimalen Mitteln von seinem Produktnutzen zu überzeugen. Dazu wird ein persönliches Gespräch genutzt, bei dem am günstigsten auch mit einer visuellen und haptischen Demonstration gearbeitet werden kann. Welche Möglichkeiten sich für die Überzeugung in diesem Gespräch ergeben, wird im Abschnitt 4.4.3 näher untersucht.

Action-Phase:

Diese Phase beinhaltet den Verkaufsabschluss und schließt sich unmittelbar an die Desire-Phase an. Der Verkaufsabschluss sollte möglichst während des Verkaufsgespräches forciert werden. Vermutlich wird sich der potenzielle Kunde jedoch erst nach einer internen Prüfung zu einem Vertragsabschluss entscheiden.

Diese Akquiseansprache basiert auf den Grundinstrumenten Brief, Telefon und persönliches Gespräch. Dies erscheint als ein sicherer Weg, um den Kunden von der Hochwertigkeit und dem hohen Nutzen des Produktes zu überzeugen. Die digitalen Medien sollten darüber hinaus als ergänzende Elemente zur Aufmerksamkeitsgewinnung und zur Bereitstellung von zusätzlichen Informationen, beispielsweise mittels DVD und Internet, genutzt werden.

---

[79] vgl. Lasko 2000, S. 63

4 Überzeug von potenziellen Kunden

Wie bereits in der Akquisestrategie ausgearbeitet wurde, gehört die Überzeugung zu einem der Kernpunkte der Akquisetätigkeit. Denn: „Selten bemühten sich so viele ‚Mitbewerber' mit derart zahlreichen Strategien und Argumenten um den Kuchen der Kundenaufmerksamkeit"[80]. Aus diesem Grund wird ein Vorgehen entworfen, bei dem möglichst zielgenau und effektiv Argumente für den Produktkauf und Argumente gegen Einwände dem Kunden gegenüber kommuniziert werden. Dazu werden im nächsten Kapitel die Voraussetzungen der Überzeugung in Bezug auf Entscheidungsprozesse, Bedürfnisse und Erwartungen untersucht. Anschließend wird im Abschnitt 4.2 eine geeignete Vorgehensweise zur Überzeugung ausgearbeitet. Darauf werden im Abschnitt 4.3 die Argumente auf inhaltlicher Ebene ausgearbeitet, was sich bspw. auf den einzelnen Produktnutzen und auf die Preisargumentation bezieht. Im Abschnitt 4.4 werden die Hauptkommunikationsmittel Brief, Telefon und Gespräch auf ihren Einsatz innerhalb der Überzeugung untersucht, um jeweils ein Vorgehensmodell für die Instrumente zu entwickeln. Abschließend wird die Konzeption zur Überzeugung durch die Untersuchung von Methoden auf subjektiver, verbaler und nonverbaler Ebene ergänzt.

4.1 Voraussetzungen bei der Kauf-Überzeugung von Unternehmen

Zunächst werden die Voraussetzungen für eine Überzeugung ermittelt. Diese werden einerseits durch die Analyse des Beschaffungsverhaltens, andererseits durch Analyse der Einkaufserwartungen erarbeitet.

4.1.1 Beschaffungsverhalten und Entscheidungsprozesse

Die Besonderheit im Kaufprozess von Unternehmen im Gegensatz zu Privatpersonen liegt im Investitionscharakter des Kaufs. Unternehmen investieren in ‚Arbeitsmittel', um ihren Prozess zu erhalten oder zu optimieren. Es ist demnach zu erwarten, dass die Entscheidung aufgrund von Fakten und Vergleichsgrößen gefällt wird. Anstatt subjektiver und emotionaler Faktoren, die im privaten Sektor eine größere Rolle spielen, muss hier ein begründeter Wert für das Unternehmen geboten werden.

An einer organisationalen Beschaffung sind zumeist mehrere Personen beteiligt. Teilweise werden auch externe Dienstleister als Berater hinzugezogen[81].

---

[80] Bruns 2005, S. 1

[81] vgl. Diller 2001, S. 1231

Die Gesamtheit dieser Beschaffungsorganisation wird unter dem Begriff ‚Buyingcenter' zusammengefasst, zu dem alle Komponenten gehören, die in einem Unternehmen an den Einkaufsprozessen beteiligt sind. Das Beschaffungsverhalten unterscheidet sich von Unternehmen zu Unternehmen zum Teil erheblich[82], d. h., das Vorgehen bei der Überzeugung muss sich den verschiedensten Anforderungen anpassen.

Laut Diller (2001) lässt sich der Einkaufsprozess anhand
der folgenden drei Determinanten beschreiben:

- *Wert des Kaufgegenstandes:* Je größer der Wert der Anschaffung, desto länger und intensiver ist der Prüfungs- und Entscheidungsprozess und die Anzahl der daran beteiligten Personen.
- *Kaufanlass:* Je dringender die Anschaffung eingestuft wird, desto kürzer dauert der Entscheidungsprozess.
- *Wiederholungsgrad der Produkttechnologie:* Dieser bedingt den benötigten Einarbeitungsaufwand, wie bspw. die Implementierung in die eigenen Prozesse und den Schulungsaufwand[83].

Als weitere Rahmenbedingung ist die *Strukturierung des Buyingcenters*[84] zu bedenken, d. h. der Umfang, die Professionalität und die Transparenz der organisationalen Beschaffung. Je einfacher die Entscheidungsstrukturen gefasst sind, desto schneller und einfacher verläuft der Entscheidungsprozess. Zu vermeiden wären demnach Unternehmen mit undurchsichtigen Beschaffungs- und Entscheidungsprozessen, bei denen keine klaren Entscheider herauszufinden sind; hier verlieren sich die Akquisebemühungen in den internen Prozessen.

Der rollenspezifische Aufbau des Buyingcenters lässt sich laut Diller (2001) nach dem Webster/ Wind-Konzept beschreiben. Dieser Entscheidungsprozess ist durch die folgende Rollenverteilung darstellbar:

---

[82] vgl. ebenda

[83] vgl. ebenda, S. 759

[84] vgl. ebenda, S. 1231

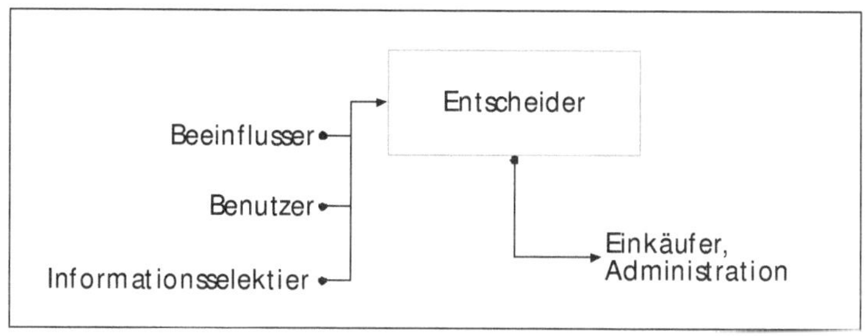

Abbildung 8: Rollenkonzept innerhalb des ‚Buyingcenters'[85]

Im Überzeugungsprozess wird hauptsächlich der Entscheider angesprochen. Nicht zu unterschätzen sind jedoch die weiteren Personen, die auf seine Entscheidung unterschiedlichen Einfluss nehmen: die Benutzer, die die Anwendung später verwenden, die eigene Sekretärin oder Freunde als zusätzliche Beeinflusser. Ebenso kommen Informationsselektierer, welche u. a. das Internet nutzen, um weitere Informationen über Produkt und Anbieter zu recherchieren, in Frage. Der Fokus liegt darauf, die Entscheidungsprozesse möglichst genau zu erfassen und zu beeinflussen.

Der Kaufentscheidungsprozess eines Unternehmens ist im Gegensatz zum Privatkonsumenten stärker rational geprägt, er verläuft aktiver und systematischer, aber nicht vollkommen emotionslos[86]. Die Entscheider sind vorrangig den Zielen und Bedürfnissen des Unternehmens verpflichtet: seinen Kunden, seinem Umfeld, den Bedürfnissen der Mitarbeiter des Unternehmens und letztendlich auch mehr oder weniger persönlichen Bedürfnissen. Zudem gehen die Entscheider mit ihrer Entscheidung teilweise hohe Risiken für das Unternehmen und ihre persönliche Karriere ein. „Aus diesem Grund suchen und verarbeiten sie bewusst eine Vielzahl von Informationen, die ihnen die Entscheidung erleichtern, und fällen diese dann eher rational als emotional"[87].

---

[85] Quelle: Eigene Darstellung, vgl. Diller 2001, S. 201

[86] vgl. Diller 2001, S. 1231

[87] Pförtsch 2005, S. 15

Dieser organisationalen Entscheidungsprozess lässt sich, wie bereits beim Strategie-verlauf ermittelt, nach einer Spiegel-Untersuchung in drei Phasen unterteilen:

- Initiierungsphase,
- Vorüberlegungs- bzw. Vorentscheidungsphase und
- Entscheidungsphase[88].

Diese grobe Gliederung ist laut Diller empirisch verifiziert[89]. Wichtig für die Akquisestrategie ist die Verwendung des, und der Abgleich mit dem, gewählten AIDA-Modell, da sich an die Attention-Phase dieser unmittelbare Entscheidungsprozess anschließt.

- Interest: Initiierung des Prüfungsprozesses,
- Desire: konkrete Überlegung zur Implementierung und erste Entscheidung,
- Action: Entscheidungsphase für oder gegen die Anschaffung.

Wichtig bei der Verwendung des AIDA-Modells ist es, die Komplexität und Intensität des abgebildeten Entscheidungsprozesses zu beachten.

4.1.2 Investitionsbedürfnisse und Investitionserwartungen

Anstelle des Begriffs ‚Kundenbedürfnisse' sollen im Zusammenhang mit Firmenkunden hier die Begriffe ‚Investitionserwartungen' und ‚Informationsbedürfnisse' verwendet werden. Da es sich, wie bereits aufgezeigt, nicht um eine private Bedürfniskultur, sondern zum Teil um komplexe Investitionsentscheidungen handelt.

André Probst (1998) definiert die Bedürfnisse von Firmenkunden anhand der Leistungen gegenüber deren Kunden[90]. Ließen sich beispielsweise die Leistungen von BMW auf den Verkauf hochqualitativer Autos reduzieren, so wäre dies das Ziel und Bedürfnis des Unternehmens zugleich. Alle Komponenten, welche der Erreichung, bzw. besseren Erreichung des Ziels dienen, befriedigen das Bedürfnis des Unternehmens.

---

[88] vgl. ebenda, S. 1231

[89] vgl. ebenda

[90] vgl. Probst 1998, S. 66

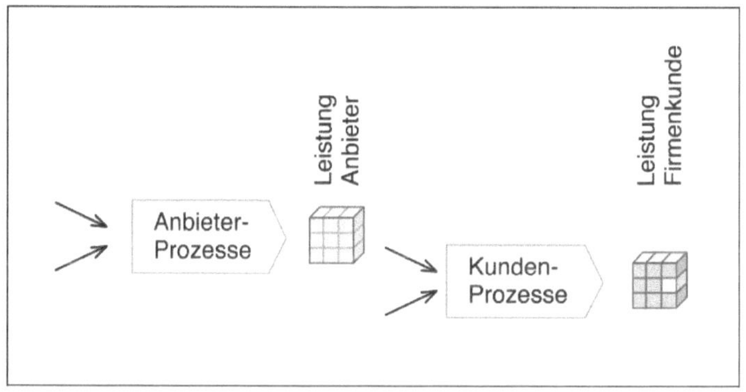

Abbildung 9: Kundenbedürfnisse aufgrund der Kundenprozesse[91]

Wenn es gelingt, die Ziel- und Bedürfniskultur, Prozesse und Leistungen der potenziellen Kunden möglichst ganzheitlich zu erfassen, so wird es möglich, den potenziellen Kunden eine optimal angepasste Leistung zu präsentieren. Probst (1998) ergänzt, dass durch das Erfassen der Leistungs- und Produktionsprozesse des Unternehmens Folgendes möglich wird:

- Schnelle Reaktionen auf Marktveränderungen des potenziellen Kunden,
- Unterbreitung von Vorschlägen zu einer verbesserten Produktdarbietung und Distribution und
- Angebote zur Prozessoptimierung können gemacht werden, etwa mithilfe verbesserter Kommunikations- und Informationsmittel[92].

Die Investitionserwartungen des potenziellen Kunden hängen vom Nutzen ab, den sich dieser vom Kauf verspricht. Diller (2002) setzt den zu erwartenden Gesamtnutzen eines solchen Kaufabschlusses aus drei Nutzen-Gruppen zusammen: dem Produktnutzen, dem Transaktionsnutzen und dem Beziehungsnutzen.

Produktnutzenmerkmale:
Der Produktnutzen beruht auf dem unmittelbaren Nutzen, den das Produkt für das Unternehmen bringt, bspw. eine verbesserte Distribution oder Kom-

---

[91] Quelle: Eigene Darstellung nach Probst 1998, S. 66

[92] vgl. ebenda, S. 66

munikation zu seinen Kunden. Zudem ist er durch folgende Merkmale gekennzeichnet:

- Leistungsfähigkeit des Produktes
- Qualität und Zuverlässigkeit
- Übereinstimmung mit den gestellten Anforderungen[93].

Diese drei Merkmale wurden in einer Studie zu Kaufentscheidungen von den Käufern als die Wichtigsten genannt[94]. Weitere Merkmale sind:

- einfache Handhabung
- technische Verbesserungen bzw. technischer Fortschritt[95].

Transaktionsnutzenmerkmale:
Diese Merkmale verbinden sich mit den Modalitäten des Kaufabschlusses, bspw. vereinfachte Abwicklung, Produkttransparenz, Finanzierungsmodell usw. Als besonders relevant gelten die folgenden Eigenschaften:

- Angebot komplexer, integrierter Problemlösungen,
- umfangreiche Serviceleistungen,
- Flexibilität bei Sonderwünschen[96].

Beziehungsnutzenmerkmale:
Sie entstehen dann, wenn zwischen beiden Unternehmen eine Symbiose der Prozesse möglich ist. Bspw. durch die Verzahnung der Bestell- und Lieferprozesse (siehe Amazon und Deutsche Post) oder durch eine gezielte Beratung aufgrund guter und langer Kundenkenntnisse[97].

---

[93] vgl. Reiner 1993, S. 32

[94] vgl. ebenda

[95] vgl. Leicher 2005, S. 45

[96] vgl. Pförtsch 2005, S. 15 / vgl. Leicher, S. 41

[97] vgl. Diller 2002, S. 82

Der Nettonutzen für den potenziellen Kunden ergibt sich schlussendlich aus der Verrechnung von Preis, Lieferzeit und dem Risiko bei Qualität und Service[98]:

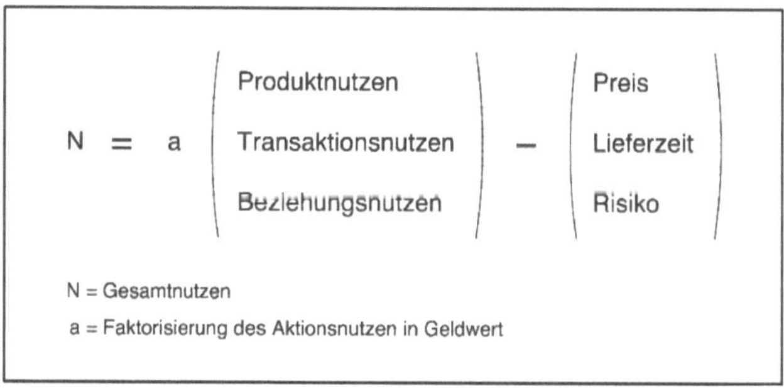

Abbildung 10: Darstellung der Relation des Gesamtnutzens[99]

Auf diese Weise lässt sich die Wertigkeit des Preises und eventueller Risiken mit den verschiedenen Nutzen der Kaufaktion verrechnen. Um dafür eine reelle rechnerische Basis zu schaffen, müssen Lieferzeit und Risiko als Kosten in einen Geldwert umgesetzt werden und die einzelnen Nutzenmerkmale in den Geldwert des Unternehmens eingerechnet werden.

Problematisch ist dabei, dass die einzelnen Nutzenkomponenten vom Kunden vor dem Kauf nicht hinreichend geprüft werden können und er daher Abschätzkriterien, wie das Image des Anbieters heranziehen muss. Daraus lässt sich ableiten, dass dem Kunden einzelne Prüfkriterien, wie Tests, Produktbeispiele oder Kundenempfehlungen, zur Verfügung zu stellen sind. Zudem muss in der Kommunikation eine Konzentration auf die wesentlichen Nutzenmerkmale stattfinden; Sicherheiten betreffs der relevanten Entscheidungskriterien müssen vermittelt werden; eine Abgrenzung der Nutzenmerkmale gegenüber deren der Konkurrenz muss ebenso erfolgen. Es erscheint sinnvoll, dass dazu wesentliche Leistungs- und Nutzenmerkmale als Garantien in den Kaufvertrag integriert werden.

Um detaillierte Angaben über die Bedürfnisse und Erwartungen in einem Akquisesegment zu bekommen, können Marktanalysen und Trendforschungen zu den jeweiligen Branchen herangezogen werden. Ebenso bietet es sich an, Vergleichskunden oder einzelne Mitarbeiter des potenziellen Unternehmens zu befragen.

[98] vgl. ebenda

[99] Quelle: Eigene Darstellung

4.2 Ausarbeitung einer Vorgehensweise zur Überzeugung

In diesem Abschnitt wird eine Vorgehensweise ausgearbeitet, mit deren Hilfe bei der Argumentation und Überzeugung gegenüber dem Kunden optimal vorgegangen werden kann.

Grundsätzlich gilt es den Kunden während der gesamten Akquiseansprache ausreichend mit Informationen zu versorgen, um ihn auf die Weise zunehmend neugieriger zu machen und die Entscheidung so positiv wie möglich zu beeinflussen. So kann bereits ein angepasstes Informationspaket am Telefon kommuniziert werden, eine Art Interessen-Aufhänger, bspw. der Hauptkundennutzen. In Briefen oder Bestätigungsfaxen lassen sich weitere Informationen unterbringen, bis dann die persönliche Überzeugung vor Ort stattfindet.

Um zu vermeiden, dass sich der Kunde bei der einzelnen Informationsvergabe wie in einer Akquisitionsmaschinerie fühlt, darf die Automatisierung nur dezent im Hintergrund erfolgen. Wichtig ist hier, das genau zu managen und ständig zu prüfen.

Zunächst steht die Frage, welche Mittel und Möglichkeiten für die Überzeugung eines Entscheiders zur Verfügung stehen:

- Marketingkonzepte wie Virus- oder Ethno-Marketing,
- verschiedenste Kommunikationsmittel, z. B. Telefon, Brief, Werbeelemente,
- die Kommunikation selbst,
- verschiedenste Personen im Umfeld des Entscheiders und
- Interessen des Entscheiders.

Wie bereits im Abschnitt 2.3.4 ‚Auswahl geeigneter Marketing-Akquisemethoden' gezeigt wurde, eignen sich im Wesentlichen drei Marketingkonzepte hervorragend zur Akquisition. Grundlage der Überzeugung sollte demnach eines dieser Konzepte sein, um darauf die Kommunikation mit den potenziellen Kunden ausrichten zu können. Im Ethno-Marketing ist es bspw. sinnvoll, die Überzeugung und Informationsdistribution auf die Mentalität der Ziel-Volksgruppe auszurichten. Beim Virus-Marketing kann die Idee neben der Aufmerksamkeitsgewinnung als Sympathie- und Imageträger für die Überzeugung dienen. Auch bei Ambient-Media kann die Überzeugung durch die Werbeträger vermittelt werden, um diese dann in Briefen, Telefonaten oder bspw. im Internet fortzuführen. Dabei empfiehlt es sich, die Kernidee der Marketingmethoden in allen Kommunikationsmitteln als Identifikationsmerkmal weiterzuverfolgen.

4.3 Überzeugung durch Inhalte

In diesem Abschnitt werden die zwei Hauptproblematiken der inhaltlichen Kundenüberzeugung untersucht. Dies sind einerseits der Nutzen für den Kunden durch das Produkt und andererseits die Begründung des Preiswertes bzw. Möglichkeiten der Überzeugung mit einem geeigneten Preismodell.

4.3.1 Produktnutzen und Qualität der Leistung

Wie kann der potenzielle Kunde von dem Produktnutzen und der Qualität der Leistung der eigenen Unternehmung überzeugt werden? Der Schlüssel dazu scheint in der richtigen Kommunikation zu liegen: „Die Vermarktung des innovativen Systems wird stark vereinfacht, wenn man die Vorzüge des Systems gut kommunizieren kann“[100]. Diese Feststellung wurde bereits vor 50 Jahren getroffen; und sie trifft die Problematik genau. Im heutigen Käufermarkt müssen dem potenziellen Kunden die Produkte aus einer riesigen Masse heraus gezielt offeriert werden.

Um diese gezielte und offerierende Kommunikation zu erreichen, empfiehlt sich die Betrachtung der folgenden Kriterien:

- *Punktuelle Argumentation:* Die Argumente zum Produkt müssen herausragend, merkbar, weiter kommunizierbar und schlüssig überzeugend sein. Dazu zählt auch, dass das Unternehmen bei Bedarf mit umfangreichen Informationen versorgt werden kann.
- *Vorteilhafte und motivierende Kommunikation:* Schon die Kommunikation muss für den potenziellen Kunden so interessant sein, dass er sich ausreichend Zeit nimmt.
- *Emotionale Perspektiven:* Das Produkt selbst wird nicht begeistern. Richtig begeistern können jedoch die Perspektiven, welche sich für das Unternehmen mit dem Produkt ergeben. Je dringender und positiv-emotional diese Perspektiven sind, desto vorteilhafter ist dies für den Akquiseerfolg.

Die möglichst kompakte und smarte Kommunikation ergibt sich aus der begrenzten Zeit des Kontakts sowie aus der wahrnehmungspsychologischen Wirkung von Kommunikation.

Laut Bruns (2005) muss man sich bei der Akquise auf das dominierende Kaufmotiv konzentrieren[101]. Das bedeutet, dass in der Kommunikation zum

[100] Rogers 1955, zit. nach Albers 2001, S. 732

[101] vgl. Bruns 2005, S. 62

Produktnutzen der Kernnutzen einprägsam, in Form eines USP (Unique Selling Proposition), vermittelt werden muss. Diesen USP können sich Zielpersonen im günstigsten Fall leicht merken und innerhalb des Unternehmens einfach weitergeben. Neben der Vermittlung des Kernnutzens müssen die ermittelten Informationsbedürfnisse des Kunden befriedigt werden. Der Umfang dieser Informationen orientiert sich an dem Akquisestatus und dem Feedback des Unternehmens. In der Attention-Phase werden lediglich der Hauptnutzen und herausragende Details kommuniziert. In der Interest-Phase folgen dann die detaillierten Informationen. Dies kann mittels eines zusätzlichen Briefes bzw. eines individuell zusammengestellten Informationspaketes geschehen.

Genauso wichtig wie die behauptete Argumentation ist dabei die bewiesene Argumentation. Der Vorteil durch den Kauf muss für die Kunden nachvollziehbar und vertrauenerweckend sein. So schreibt Marco Schmäh (2005), dass die Hochglanzdarstellungen reiner Positivreferenzen von potenziellen Kunden oft kritisch als Firmenwerbung angesehen werden[102]. Als Alternative nennt er Berichte und Stellungnahmen von führenden Anwendern, welche sich für weitere Auskünfte zur Verfügung stellen. Demnach könnten in den Kommunikationsmedien Kundenmeinungen mit eingebracht werden. Zudem solche Meinungen, die der Absicht bzw. der Branche des potenziellen Kunden nahe kommen. Als zweite Möglichkeit nennt Schmäh das Aufzeigen von konkreten Beispielen, etwa Lösungsvarianten aus dem eigenen Portfolio[103]. Statt der sterilen Prospekt-Abbildung eines Terminals kann ein Foto eines Produkts in der Anwendung und in seinem Umfeld dienen. Daneben kann sogar darauf hingewiesen werden, wo der potenzielle Kunde in seiner Nähe ein Referenzgerät vorfinden kann.

Zur Argumentation für die Qualität stehen noch weitere Hilfsmittel zur Verfügung. Ein Entscheider kann auch zu einer Vorführung vor Ort eingeladen werden. Bspw. zu einem zugänglichen Referenzprojekt bei einem Kunden, in der Öffentlichkeit oder im eigenen Unternehmen. Ggf. kann die Produkt-Präsentation auch beim potenziellen Kunden, in der Form des Verkaufsgespräches erfolgen.

Zur Sicherung der objektiven Qualität kann auch ein ausführliches Pflichtenheft eingebracht werden, in dem die konkreten Einzelleistungen und die Integration in die Kundenprozesse garantiert werden. Es ist zudem sinnvoll, dass der potenzielle Kunde so früh wie möglich auf den möglichen Verkaufsablauf und seine Prüfmöglichkeiten hingewiesen wird.

---

[102] vgl. Schmäh 2005, S. 16

[103] vgl. ebenda

Abschließend stellt sich die Frage, wie bei Einwänden des Kunden argumentiert werden kann. Diese sind auf jeden Fall ernst zu nehmen. Es wäre ein schwerer Fehler, sie zu ignorieren[104]. Denn dadurch würde dem Kunden suggeriert, dass seine Absichten nicht im Mittelpunkt stehen.

Wichtig wäre es, mögliche Einwände bereits vorher zu kennen und Antworten darauf vorzubereiten. Ein produktbedingter Einwand ist bspw. der ‚Lock-in'-Effekt[105]. Dieser beschreibt die teure Abhängigkeit von einer Technologie. So ist es für den potenziellen Kunden wichtig, dass die Kompatibilität zu ähnlichen Systemen gewährleistet ist und die Technik problemlos und mit möglichst wenigen Einschränkungen fortführ- und erweiterbar ist. Den Einwänden kann laut Albers (2001) durch die richtige Kommunikation von technologischer Kompetenz begegnet werden[106].

Der Punkt ‚*Vorteilhafte und motivierende Kommunikation*' zielt darauf ab, dass der potenzielle Kunde bereits durch die Kommunikation selbst für eine Zusammenarbeit motiviert wird. Alexander Verweyen schreibt, dass eine solche Motivation schon durch die Unterbreitung eines kreativen Angebots ermöglicht wird[107]. Ein kreativ offeriertes Produkt kann demnach zu weiterer Kommunikation motivieren. Einen ähnlichen Ansatz verfolgt auch das Virus-Marketing. Dies sollte bei der Planung der Kommunikation berücksichtigt werden.

Ebenso kann die Motivation durch konkrete Vorteile erfolgen. Das kann Brancheninformationen betreffen oder es können auch gute Vorschläge zu Prozessverbesserungen sein. Ideal ist es, wenn zwischen potenziellen Kunden und Akquisemitarbeiter durch Ideenaustausch und Brainstormings ein produktiver Dialog entsteht. Auf diese Weise ist der potenzielle Kunde bereits in der Produktplanung involviert, setzt sich mit dem Produkt intensiv auseinander und wird die Realisierung voranbringen.

Der letzte Aspekt ‚*Emotionale Perspektiven*' steht in Verbindung mit der motivierenden Kommunikation. Der Hintergrund ist, dass den Entscheidern und dem Unternehmen eine spezielle Perspektive mit dem eigenen Produkt gegeben werden soll, wodurch sie ein emotionales Selbstinteresse entwickeln. Dies kann bspw. dann auftreten, wenn es sich um eine Kommunikationslösung handelt, die die Mitarbeiter fasziniert, die lange gewünschte Veränderungen ermöglicht, oder die hilft, noch nicht umgesetzte Ziele zu erreichen. Sobald

---

[104] vgl. KfW-Bank 2005c, online

[105] vgl. Albers 2001, S. 739

[106] vgl. ebenda

[107] vgl. Verweyen 2004, S. 20

sich die Mitarbeiter bzw. Entscheider auch emotional mit einem Projekt bzw. Produkt identifizieren, ist ein Großteil der Überzeugungsarbeit geleistet.

4.3.2 Preisdurchsetzung und Finanzierungsmodell

Nachdem der potenzielle Kunde von der Qualität der Leistungen und dem geringen Risiken überzeugt wurde, steht dem inhaltlichen Abschluss der Verhandlungen im Wesentlichen nur noch der Preis entgegen. Denn auch wenn im Premium-Segment eine erhöhte Preisbereitschaft besteht, nimmt der Wettbewerbsdruck durch preisaggressive und qualitativ ähnliche Produkte und Marken zu[108]. Um eine angemessene Gewinnmaximierung für die eigene Unternehmung zu erreichen und den Kunden zugleich für die Leistungen zu gewinnen, werden im Folgenden Möglichkeiten der Preisdurchsetzung ermittelt.

Laut Diller (2002) ist die Preisdurchsetzung auf zweierlei Weise möglich: Durch marktgerichtete Aktivitäten und durch unternehmensinterne Regelungen[109]. Die marktgerichteten Aktivitäten umfassen Kommunikations- und Durchsetzungsstrategien beim Kunden und werden für die Überzeugung näher untersucht. Die unternehmensinternen Regelungen umfassen die Möglichkeiten Preisorganisation, Preis-Mix und Preisanalysen[110].

Für die firmenbezogene Preis-Kommunikation zählt Diller
zwei Varianten auf:

- *Preiswerbung:* Die Überzeugung des Kunden von der Vorteilhaftigkeit der Preisstellung – bspw. durch Preisoptik und Preisargumentation.
- *Preisvereinbarungen:* Die Regelung der Preisrisiken zwischen Käufer und der eigenen Unternehmung; bspw. durch Preisanpassungsklauseln und Preisgarantien[111].

Laut Marco Schmäh (2005) besteht bei einem Kunden erst dann eine erhöhte Preisbereitschaft, wenn er von den „wettbewerbsrelevanten Gesamtvorteilen vertrauensvoll überzeugt ist, diese Vorteile erkennt und schließlich auch nutzen möchte“[112]. Ein Premium-Produkt rechtfertigt also erst dann seinen Preis, wenn es aus Kundenperspektive hochqualitative Vorteile bietet. Es sei ange-

---

[108] vgl. Meffert 2003, S. 2

[109] vgl. Diller 2002, S. 125

[110] vgl. ebenda, S. 126

[111] vgl. ebenda, S. 125f.

[112] Schmäh 2005, S. 13

nommen, dass dies durch eine optimale Kundenorientierung und eine gute Nutzenkommunikation gewährleistet ist.

Eine zweite Möglichkeit der Preisdurchsetzung ist die Basis eines künstlich geschaffenen Monopols aufgrund von Patenten und Urheberrechten[113]. Selbst ein Innovationsvorsprung kann ein zeitliches Monopol schaffen, das zur Preisdurchsetzung genutzt werden kann.

Der Kunde wiederum wird den Preis und den von ihm wahrgenommen Wert des Produktes gegeneinander abwägen und gegebenenfalls auf eine Preis-Wert-Analyse aus der Conjoint-Analyse zurückgreifen[114]. Speziell bei größeren Unternehmungen ist eine konkrete Wert-Analyse zu erwarten. Es ist daher empfehlenswert, diese Preis-Wert-Analyse aus Kundensicht einmal durchzuführen, um damit das Profil des Angebots zu stärken.

Eine dritte Möglichkeit ist die Premium-Profilierung durch den Preis selbst. In dem Fall bietet der Preis einen Zusatznutzen, bei dem der Käufer die Möglichkeit hat, sich abzuheben[115]. Das ist dann der Fall, wenn die eigene Marke eine so starke Prestigewirkung auf den Kunden bzw. seine Endverbraucher hat, dass diese als Zusatznutzen mitgekauft wird[116].

Die vierte Möglichkeit ist die reine Preisargumentation im Verhandlungsgespräch. Diese Variante wird im nächsten Abschnitt analysiert.

Die Variante der Preisvereinbarungen beinhaltet im Gegensatz zur Preiswerbung die Festlegung des Preises und die Konditionierung. Hirschmann (2003) schlägt für jede Unternehmung vor, eine Preisstrategie zu entwickeln. Diese legt die Preispositionierung fest, beinhaltet preistaktische Bestandteile wie bspw. Konditionen und die entsprechende Umsetzung im Verkauf[117]. Schwierig wird es dann, wenn die Kunden durch verschiedene Preise verärgert werden, innerhalb eines zu komplexen Preissystems diskriminiert bzw. durch die Preisfestlegung ausgespielt werden.

Für die Preisgestaltung schlägt Hirschmann drei Methoden vor, durch deren Individualisierung die Preistransparenz reduziert und der pauschale Preisvergleich erschwert wird[118]:

---

[113] vgl. Meffert 1998, S. 500

[114] vgl. Hirschmann 2003, S. 90

[115] vgl. Diller 2001, S. 1381

[116] vgl. ebenda, S. 1381

[117] vgl. Hirschmann 2003, S. 89

[118] vgl. ebenda

- *Preisdifferenzierung:* Die Preise werden nach Kundengruppen, Produktmerkmalen, Regionen oder Zeiten unterschiedlich angepasst. Diese Preisgestaltung ermöglicht die optimale Ausschöpfung der individuellen Zahlungsbereitschaft.
- *Preisbündelung:* Die Bündelung von verschiedenen Produkten bzw. Zusatzleistungen, wie eine Gesamtkonzeption, Distribution usw. werden zusammen angeboten und bleiben günstiger als die Summe der Einzelproduktpreise. Dies kann auch als Initiierungsangebot offeriert werden.
- *variable Preispolitik:* Der Preis wird abhängig von der Nutzung oder auch vom Kundenwert festgelegt. Das Ziel ist die Kundenbindung[119].

Auch bei der Preisgestaltung bietet sich ein innovatives Angebot an. Dies kann bspw. so aussehen, dass für eine erbrachte Leistung ein gewisser Teilaufwand in Rechnung gestellt wird und der Gewinn bzw. der restliche Aufwand abhängig vom Erfolg vergütet wird. Dies gibt dem Kunden die Chance seine Risiken zu minimieren und ggf. den Kauf sehr günstig zu finanzieren. Der eigenen Unternehmung gibt es die Möglichkeit, aber auch das Risiko, anhand der eigenen qualitativen Ansprüche zu verdienen und bei einem Erfolg mehr zu verdienen als durch den normalen Kaufpreis möglich gewesen wäre. So sind bspw. Transaktionsgebühren für bestimmte Funktionen denkbar, oder Vergütungsklauseln abhängig von Nutzeranzahl, Nutzerzufriedenheit, Presse-Feedback, Preisen und Image. Der formelle Kauf mit Nutzungsgebühren ermöglicht dabei eine psychische Bindung des Kunden an sein ‚selbst erworbenes' Produkt. Leasingvarianten müssten dagegen bestimmte Vertragslaufzeiten beinhalten, um eine Mindestrentabilität für die eigene Unternehmung zu sichern.

Zusammenfassend zeigt diese Problematik die Bedeutung des Angebots als besonders wichtig für eine vorteilhafte Preisgestaltung. Eine solche Unvergleichbarkeit kann bspw. durch ein künstliches Monopol, eine herausragend qualitative Leistung bzw. ein von dem der Konkurrenz völlig verschiedenes Preissystem erreicht werden.

4.3.3 Preisargumentation

Als spezielle Argumentation in der Preisdurchsetzung lassen sich aus der Literatur die verschiedensten Techniken herauslesen. Grundsätzlich sollte gelassen auf Preisforderungen und -einwände reagiert werden, da diese zu Verhand-

[119] vgl. ebenda

lungen gehören[120]. Im Folgenden werden geeignete Techniken zur Überzeugung in vorgestellt.

Sandwich-Technik:

Bruns (2005) empfiehlt den Preis zwischen zwei Merkmalen zu nennen[121]. Bspw.: „Für die Verbesserung Ihrer Umsätze erhalten Sie die Plattform für 30,000 €, die Ihnen auch noch die Kundenkommunikation vereinfacht". Auf diese Weise zwingt sich dem potenziellen Käufer der Vergleich mit seinem Hauptnutzen auf und schätzt seinen möglichen Gewinn eher ab. Problematisch ist es aber, wenn die Kommunikation der Merkmale nicht schlüssig gelingt.

Schweige-Technik:

Jachens (2004) schlägt bei der Frage nach Preisnachlässen vor, nach einer knappen, höflichen und bestimmenden Antwort zu schweigen: „'Es tut mir Leid. Ich kann Ihnen keinen anderen Preis machen'"[122]. Dies klingt schwierig, zwingt den Kunden jedoch zu einer Reaktion, immerhin ist er an dem Kauf interessiert. Entweder geht er darauf ein, hackt nach, oder – und da liegt eine Gefahr – bricht den Kauf ab.

Neuheits-Technik:

Diese Variante von Jachens empfiehlt sich besonders für das Zielsegment. Er argumentiert, dass aktuelle Technik und damit der technische Vorsprung, nicht unter Wert verkauft wird[123].

Zusatzangebote:

Die angebotenen Mediendienste verlangen vom Nutzer häufig eine hohe Einarbeitungszeit, was wiederum Kosten verursacht. Durch das Angebot von Schulungen oder einer persönlichen Produkteinführung kann dem Kunden ein kostenloser Zusatznutzen eingeräumt werden. Albers (2001) schlägt bei Mediendiensten sogar vor, die benötigten Geräte kostenlos zur Verfügung zu stellen[124], ähnlich der Handy-Subventionierung. Sofern dies für die eigene Unternehmung finanzierbar ist, sinken damit die Einstiegskosten für den

[120] vgl. Jachens 2004, S. 85

[121] vgl. Bruns 2005, S. 142

[122] Jachens 2004, S. 80

[123] vgl. Jachens 2004, S. 81

[124] Albers 2001, S. 736

Kunden; im Gegenzug wird durch hohe Wechselmodalitäten ein gewisser ‚Lock-in'-Effekt erzeugt.

4.4 Überzeugung innerhalb der Kommunikationsinstrumente

Dieser Abschnitt untersucht die Überzeugung innerhalb der Akquisestrategie mithilfe der klassischen Ansprachemethoden Brief, Telefon und persönliches Gespräch. Diese hatten sich bereits im Abschnitt 3.3.1 als geeignet herausgestellt und werden hier mit einem Vorgehen bei der Überzeugung verbunden.

4.4.1 Brief für die Erstansprache

Der Kern-, bzw. Hauptbrief ist im Rahmen dieser Akquisestrategie vorzugsweise als Erstansprache des Entscheiders vorgesehen. Selbstverständlich ist es problemlos möglich, die Reihenfolge von Akquise zu Akquise zu variieren. Jedoch wird hier davon ausgegangen, dass man sich im späteren Telefonat auf die Inhalte des Briefes beziehen kann.

Der Brief hat damit die Aufgabe die Aufmerksamkeit des Entscheiders zu gewinnen bzw. eine bestehende Aufmerksamkeit zu verstärken und möglichst bereits ein konkretes Interesse hervorzurufen.

So muss der Brief beim Verfassen auf die Perspektive des Kunden ausgerichtet werden und seine Hauptvorteile herausarbeiten[125]. Die Perspektive des Kunden kann dabei durch eine ähnliche Sprachlichkeit, Denk- und Bedürfniskultur gesichert werden. Bei der Formulierung sollten alle ichbezogenen Stellen gestrichen und in Vorteile des Kunden umformuliert werden[126].

Lasko (2000) teilt diesen Kernbrief in drei Bereiche: den Aufmerksamkeitsteil, das Nutzenversprechen und den Terminhinweis[127].

Zunächst gilt es, innerhalb der ersten drei Zeilen die Aufmerksamkeit zu gewinnen. Dazu kann bspw. der persönliche USP des Kunden dienen: „Mit Produktterminals ermöglichen wir Ihnen, Ihren Absatz um 10% zu steigern". Ebenso kann eine positive Erinnerung in Verbindung mit der eigenen Unternehmung zur Gewinnung von Aufmerksamkeit dienen.

Der daran anschließende Mittelteil wird eine Darstellung des Hauptnutzens mit einem konkreten Leistungsangebot sein. Hier kann auf 15 Zeilen das Angebot zusammengefasst werden, sodass es das Interesse des Entscheiders weckt.
Danach wird kurz auf mögliche Einwände und mögliche offene Fragen einge-

---

[125] vgl. Lasko 2000, S. 60

[126] vgl. ebenda

[127] vgl. ebenda

gangen. Dies kann ein Hinweis auf ein mögliches Finanzierungsmodell oder auf einen vermuteten Gewinnnutzen für das Unternehmen sein; oder es kann auch das Nennen ausräumender Argumente gegen den organisatorischen Mehraufwand sein. Wichtig ist, dass hier nur auf die vermuteten Haupteinwände eingegangen wird und gezeigt wird, dass die eigene Unternehmung in der Lage ist, die Bedürfnisse und Prozesse des Kunden korrekt zu erfassen und zu lösen. Abschließend ist noch darzustellen, welche Unternehmung sich hier um einen Auftrag bemüht. Darum sollten in drei bis vier Zeilen die Ziele bzw. die Vision des Unternehmens, bestehende Erfolge und der qualitative Anspruch genannt werden.

Zum Schluss ist der Entscheider mit der soeben kommunizierten Vision bzw. Lösung oder auch mit der eigenen Unternehmung zu beschäftigen. Dies kann durch einen Hinweis auf den persönlichen Anruf mit einer genauen Zeitangabe erreicht werden, wobei die Möglichkeit gegeben werden sollte, diesen Termin per E-Mail zu streichen bzw. zu verschieben. Ergänzend kann auch eine Möglichkeit angegeben werden, bereits im Internet weitere Informationen einzuholen bzw. auf einem beigelegten Blatt bzw. Broschüre Näheres zu erfolgreichen Kommunikationslösungen und nachprüfbare Kundenreferenzen zu erfahren.

Der Aufbau des Briefes lässt sich damit folgendermaßen darstellen:

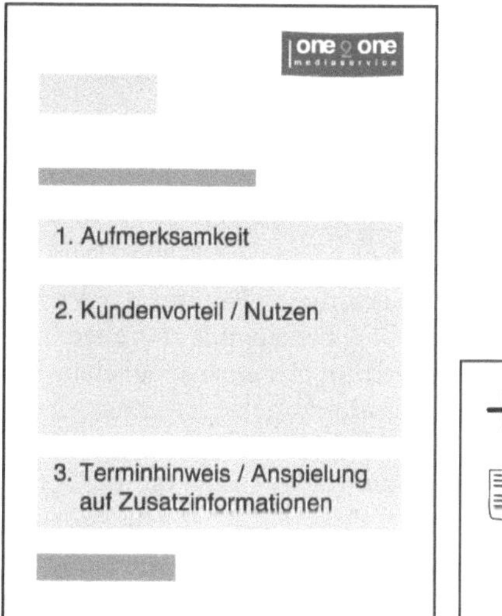

Abbildung 11: Überzeugungsmethode Brief[128]

[128] Quelle: Eigene Abbildung

Insgesamt sollte der Brief eine Seite lang sein; weiteres Material sollte einen Extranutzen verschaffen. Der schon im Abschnitt 4.2 erwähnte Zusatznutzen innerhalb der Kommunikation kann hier eine firmenrelevante aber angebotsferne Extrainformation sein. Hier kommen Zusatzinformationen wie branchenrelevante Events (Messen, Studien, Arbeitskreise, ...)[129], neue Forschungsergebnisse oder neue Absatzchancen durch Marktbewegungen (Fusionen, Kartellentscheidungen, Gesetzesänderungen usw.) in Frage. Genauso kann dieser Zusatznutzen auch durch Giveaways erfolgen, bei denen die Anwendung und Qualität des Produktes nachprüfbar wird (DVD-Präsentation) bzw. die Produktidee als Metapher zum Ausdruck gebracht wird.

Bei der grundsätzlichen Wahl des Briefmediums wird davon ausgegangen, dass eine qualitativ hochwertige Drucksache dem Kunden eine bestimmte Wertigkeit und Zuverlässigkeit des Angebots vermittelt. Der Nachteil eines Briefes liegt im möglichen Untergang in der Werbe- und Angebotsüberflutung sowie seiner materiellen Gebundenheit. Eine E-Mail kann demgegenüber von überall her abgerufen und problemlos weiterverarbeitet und ausgedruckt werden. Die E-Mail wäre ebenfalls eine Option den Entscheider direkt zu erreichen. Die Wahl zwischen beiden Medien sollte ggf. von dem potenziellen Kunden und der eigenen Marketing- und Kommunikationsstrategie abhängig gemacht werden.

4.4.2 Überzeugung am Telefon

Der Telefonanruf sollte etwa vier Tage später auf den Brief folgen und die dort begonnene Interest-Phase fortführen, damit dann in einem persönlichen Gespräch der potenzielle Kunde von der Idee, bzw. dem Produkt überzeugt werden kann.

Lasko (2000) betont, dass der einzige Zweck dieses Anrufes der Verkauf des Gesprächstermins ist[130]. Dort wird dann die Überzeugung mit allen Möglichkeiten erfolgen, zumal sich der Kunde bis dahin mit einer möglichen Verwendung auseinandersetzt. Um an diesen Termin zu gelangen, muss der Kunde von den Vorteilen eines Gesprächs überzeugt werden. Dazu bietet sich ein Gesprächsskript an, welches Argumente und mögliche Wege des Telefonats bereits vorzeichnet:

---

[129] vgl. ebenda, S. 62

[130] vgl. Lakso 2000, S. 62

Kunde:	Rufnummer:	Zeitpunkt:

Idee/Produkt: ("Türöffner")

Argumente für die Idee: (Kundenhauptvorteil)

Argumente für den Anruf:

Gesprächsverlauf:

1. vorstellen, Claim der Firma nennen
2. auf den Brief beziehen
3. Kunde hat den Brief gelesen → Feedback geben lassen, ggf. Argumente für Idee/Produkt nennen

   Kunde hat den Brief nicht gelesen → ist aufgeschlossen → Kurzinformationen zu Idee/Produkt nennen, dann die Argumente

   Kunde hat den Brief nicht gelesen → ist nicht aufgeschlossen → Kurzinformationen zu Idee/Produkt nennen und Kundenhauptvorteil → auf Zuschicken von Infomaterial hinweisen und später nochmal anrufen
4. Vorteile des persönlichen Gesprächs nennen und um Termin bitten
5. einen konkreten Terminvorschlag vorschlagen, aber dem Kunden die Entscheidung überlassen

V V V Kurz fassen! (7 min.) V V V

Ziel:

Termin!
Mehr interessieren, als informieren

Argumente für den Termin:

Ergebnis:

Abbildung 12: Überzeugungsmethode Telefon[131]

[131] Quelle: Eigene Darstellung

Diese Gesprächsplanung ermöglicht eine Konzentration auf die wesentlichen Kernaussagen und verhindert den Austausch von Belanglosigkeiten beim Gesprächseinstieg. Wichtig ist, dass auf dem Bogen die Zusammenfassung der Idee bzw. des Produkts vermerkt wird, der Kernnutzen des Produktes sowie Argumente gegen mögliche Einwände. Diese Argumente beziehen sich einerseits auf das Produkt und andererseits auf den zu gewinnenden Termin, d. h., bei den Argumenten für das Produkt werden die unter 4.3 untersuchten Überzeugungsansätze zusammengefasst. Ebenso wichtig sind die Argumente für einen persönlichen Termin. Detroy (2000) bietet dazu drei Beispiele gegen Einwände an:

- *‚keine Zeit':* Wenn der Kunde meint, dass er keine Zeit hat, wäre genau dieser Termin wichtig, da er durch ein direktes, kompaktes und ein für ihn vorbereitetes Gespräch Zeit sparen kann.
- *‚braucht nur Unterlagen':* Gerade weil er Informationen möchte, wäre ein konkretes Gespräch wichtig, da bei diesem viel besser auf seine individuellen Prozesse und Anforderungen eingegangen werden kann.
- *‚kein Bedarf':* Genau darum wäre es wichtig für einen möglichen zukünftigen Bedarf den richtigen Lieferanten zu kennen[132].

Diese Argumente sind selbstverständlich keine universalen Hilfsmittel, zielen jedoch in die richtige Richtung durch ihre positive Umformulierung.

Der Gesprächsverlauf selbst kann dann in fünf Schritten erfolgen. Es empfiehlt sich laut KfW-Bank (2005), dieses Gespräch im Vorfeld durchzuspielen, um die Kerninhalte in drei Sätzen wiedergeben zu können[133].

Für den Anruf sollte eine Zeit gewählt werden, zu der der Kunde erwartungsgemäß gut gelaunt ist: bspw. Freitagnachmittag. Ausgeschlossen dagegen ist frühmorgens, die Mittagszeit und möglicherweise spät abends[134], obwohl intensive Arbeiter gerade spät abends sich mehr Zeit nehmen. Als Zeitspanne sind bei schnellen Anrufern ein paar Minuten, bis etwa sieben Minuten denkbar, denn der Kunde soll ja nur zu dem Gespräch überzeugt werden.

Das Gespräch wird zunächst mit einer klar verständlichen Vorstellung beginnen, damit der Angerufene den Namen und damit den Anrufer als Person versteht. Die Nennung des Firmen-Claims kann dazu eine Identifikation im Bereich der Corporate Communication des Unternehmens bieten. Der zweite Schritt ist der Bezug auf den Brief, der damit als Gesprächsaufhänger verwen-

[132] vgl. Detroy 2000, S. 149

[133] vgl. KfW-Bank 2005b, online

[134] vgl. Lakso 2000, S. 69

det werden kann. Zusätzlich sollte man den konkreten Briefinhalt vor sich liegen haben, da der Kunde sich beim Feedback möglicherweise auf einzelne Punkte bezieht. Je nachdem, ob der Brief von dem Entscheider gelesen wurde, ergeben sich die drei Handlungsmöglichkeiten, die bereits im Abschnitt 3.3.3 in die Vorgehensweise mit eingearbeitet wurden. Hat der potenzielle Kunde den Brief gelesen, so kann er mit ein paar Hauptargumenten an die Inhalte des Briefs erinnert werden. Hat er ihn nicht gelesen und ist aufgeschlossen, so wird ihm der Kern des Produkts bzw. der Idee geschildert; der Kernnutzen und die wichtigsten Argumente sollten genannt werden. Danach wird bei beiden Varianten auf ein persönliches Gespräch gedrängt, um dort die offenen Fragen und nähere Details zu besprechen. Hier gilt der Anspruch: „Mehr interessieren, als informieren".

Sofern der Kunde den Brief weder gelesen hat, noch aufgeschlossen ist, wird ihm sehr kurz die Idee und sein Kern-Kundennutzen vermittelt und auf den folgenden Infobrief verwiesen. Der Anruf erfolgt dann zu einem späteren Zeitpunkt noch einmal.

Sobald der Kunde sich für ein Gespräch offen zeigt, folgt der Terminvorschlag. Dazu kann wahllos ein Tag genannt werden und je nachdem, ob der Kunde auf diesen Termin eingeht oder einen Eigenen vorschlägt, folgt die Wahl einer Tageszeit und dann einer speziellen Uhrzeit. Die Nennung eines ersten Termins verhindert eine gewisse Unterwürfigkeit und sichert dem Kunden seine Entscheidungsfreiheit zu.

Laut Lasko (2000) ist der Termin so zu vereinbaren, dass dem Kunden die Wichtigkeit des Termins für das eigene Unternehmen kommuniziert wird[135]. Nach dem dankenden Abschluss des Telefonats empfiehlt es sich den Termin per Fax oder E-Mail noch einmal zu bestätigen, um damit die eigene Zuverlässigkeit zu vermitteln.

4.4.3 Überzeugung im persönlichen Gespräch

In der dritten Ansprachemethode lässt sich über einen sinnvollen Ablauf nur spekulieren, da sich dieser an der bereits erfolgten Kommunikation und dem Feedback des Kunden orientiert. Es ist sinnvoll, vor diesem wichtigen Besuch einen kurzen Ablaufplan zu verfassen und diesen auf seine mögliche Wirkung hin zu prüfen. Dem bereits am Telefon erweckten ersten Eindruck muss im räumlichen Einflussgebiet des potenziellen Kunden auch real entsprochen, bestenfalls verbessert und vertieft werden. Rolf Leicher (2005) beschreibt es so: „Ziel des Erstbesuches ist es, als fachkompetenter Gesprächspartner aufzutreten und Interesse zu wecken"[136]. Es muss bewusst sein, dass jeder Bereich

[135] vgl. ebenda, S. 70

[136] vgl. Leicher 2005, S. 53

und jedes kleine Detail vom Kunden wahrgenommen wird und dass er diese Wahrnehmungen als Wertung in sein noch unvollständiges Bild vom Verkäufer einbaut. Um eine gute Selbstdarstellung zu erreichen, stellt Rolf Leicher verschiedene Verhaltensgrundsätze vor, die beim Erstbesuch sowie bei den Folgebesuchen beachtet werden sollten. Diese lassen wie folgt zusammenfassen:

Visuell – Äußerlichkeiten:

- Äußerlichkeiten der Person,
- Ansehnlichkeit der Materialien und Hilfsmittel.

Kinästhetisch – Bewegung:

- Bewegung und Auftritt,
- Arrangement der Hilfsmittel und Unterlagen,
- Höflichkeit und Entgegenkommen gegenüber Personen.

Auditiv – Sprache:

- Höflichkeitsfloskeln,
- saubere Sprachlichkeit,
- Kommunikation auf Ebene und entsprechend des Interesses des potenziellen Kunden[137].

Zur näheren Untersuchung wird im Abschnitt 4.5 sowohl das Auftreten als auch die Sprachlichkeit auf wichtige Überzeugungsgrundsätze überprüft. Dabei ist schon jetzt abzusehen, dass das Handeln und Tun dem Kunden gefallen sollte; der Verkäufer darf dabei jedoch nicht unterwürfig wirken und der Kunde im Vergleich weder materiell noch ideell geringwertig erscheinen.

---

[137] vgl. ebenda

Als Basisverlauf des ersten Gesprächs kann der folgende Ablauf gelten:

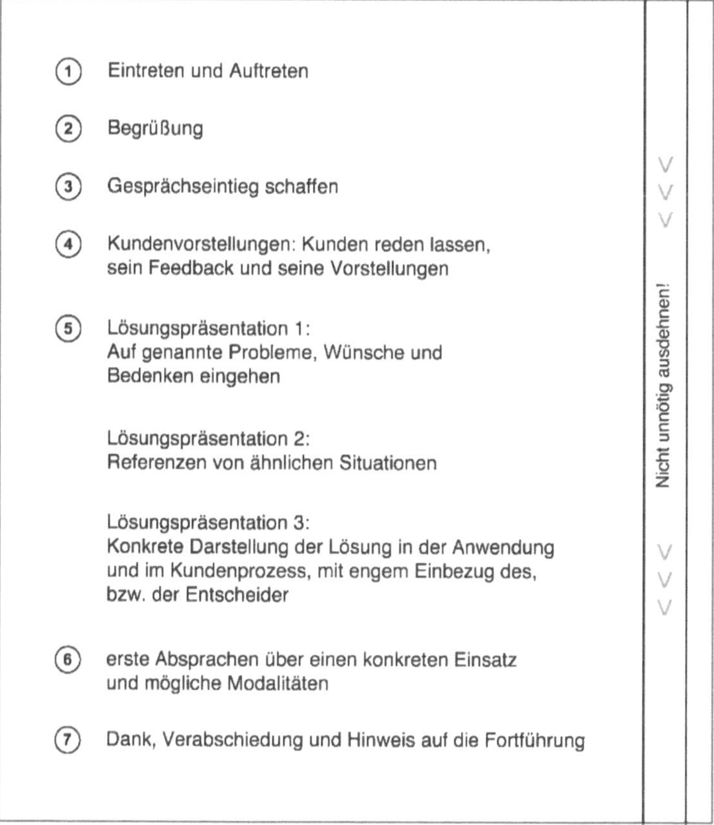

Abbildung 13: Überzeugungsmethode Gespräch[138]

Mit der Begrüßung des Entscheiders erfolgt ein kurzer Dank für die Einräumung des Termins. Ein bisschen Small Talk kann zu Beginn als Eisbrecher dienen. Danach muss dem Kunden ein Einstieg ermöglicht werden, eine Gesprächsbasis, damit dieser beginnt über seine Absichten, Ziele und Einwände zu sprechen. Auf diese Weise können schnell die Hauptanliegen des Entscheiders herausgefunden werden. Und es wird einer Überflutung mit Details vorgebeugt, für dic cr möglicherweise keine Zeit, kein Interesse, oder von de-

[138] Quelle: Eigene Darstellung

nen er auch keine Ahnung hat. Der Entscheider wird vermutlich Einiges zu seinen Vorstellungen erzählen und eine Reihe von Fragen stellen. Grundsätzlich soll er erst einmal ausreden, bevor eine Lösungspräsentation stattfindet und auf seine Wünsche und Bedenken eingegangen wird. Zumal die Fragen sein Interesse an einem Kauf verdeutlichen.

Bei dieser Präsentation wird zunächst auf die wichtigsten Anliegen des Entscheiders eingegangen und danach Referenzlösungen genannt und wenn möglich gezeigt, bei denen der Entscheider sein Problem wiedererkennt und darin eine gute Lösungsvariante für sein Unternehmen sieht. Die ersten Gedanken zu einer Realisierung und Implementierung erfolgen dann mit dem Kunden zusammen, da er die Orientierung an den Gegebenheiten seines Unternehmens vorgeben kann und sich möglicherweise dabei auch persönlich engagiert.

Sobald die meisten Fragen geklärt sind, können erste Vorstellungen zu den Modalitäten ausgetauscht werden: Vorstellungen zum Leistungsumfang, zum Aufwand und einer möglichen Finanzierungsvariante.

Die Punkte 5 und 6 können für die darauf folgenden Gespräche problemlos individuell angepasst werden; Einführung und Schluss sollten jedoch, mit Abwechslungen, immer ähnlich verlaufen.

Genaue Angaben zum Preis werden voraussichtlich erst nach einer eingehenden Prüfung der Kundenwünsche in Form eines Kostenvoranschlags möglich. Es ist denkbar, dass dieser Voranschlag dem Kunden zugeschickt wird und ein zusätzliches Gespräch für die Vereinbarung des genauen Leistungsumfangs und die Preisverhandlung erfolgt. Die Entscheidung wird das Unternehmen vermutlich in internen Prozessen nach einer genauen Prüfung fällen.

Der Abschluss des Gesprächs sollte so gestaltet werden, dass dem Kunden für seine Zeit und sein Interesse kurz gedankt wird und abschließend auf eine Fortführung verwiesen wird. Etwa die Zusendung von weiteren Unterlagen, die Beschäftigung des Kunden indem dieser selbst Materialien zuschickt oder der Verweis auf einen Anruf oder das nächste Treffen. Auf diese Weise wird noch einmal die Wichtigkeit des soeben erfolgten Treffens und des fortführenden Prozesses betont.

Eine Zeitdauer des Gesprächs lässt sich weniger genau empfehlen, da dies im Wesentlichen vom Interesse des potenziellen Kunden abhängt. Sobald er seine Ziele mit dem Produkt bzw. der Idee verwirklichen kann, nimmt er ich automatisch ausreichend Zeit, um alles möglichst genau zu erfahren. Alles andere kann im Rahmen von 30-60 Minuten erfolgen.

4.5 Ergänzungen zur Überzeugung

Der letzte Abschnitt untersucht abschließend die Möglichkeiten der Überzeugung auf verbaler und nonverbaler Ebene. Da dieser Bereich aufgrund seiner psychologischen Themenstellung einen sehr umfangreichen Komplex darstellt, werden im Rahmen dieses Buchs die Sprachlichkeit, der persönliche Auftritt und das Image für die Überzeugung überblicksweise dargestellt.

4.5.1 Wahl der Sprachlichkeit

Neben dem Auftritt der Akquiseperson soll die Sprachlichkeit, als ein Schwerpunkt in der subtilen Überzeugung, betrachtet werden. Dazu werden sechs Thesen zur Sprachlichkeit aufgestellt und erläutert.

Verwendung einer ,gemeinsamen Sprache'

Die Sprachlichkeit auf den Kunden einzustellen ist wahrhaftig Grundlage, um sich problemlos über ein gemeinsames Thema verständigen zu können. In der Kommunikation ist der Sender dafür verantwortlich, dass die Kommunikation zum Empfänger gelingt (siehe 2.3.1). Besonders im technischen Segment muss darauf geachtet werden, dass dem potenziellen Kunden auch komplizierte Sachverhalte verständlich vermittelt werden. Dies beinhaltet die richtige Wortwahl aus dem Sprachpool des Empfängers, die Wahl des Mediums (Videoanimation) und die Betonung der Wichtigkeit.

Die folgenden fünf Thesen zur Sprachlichkeit gehen auf Thomas Jachens[139] zurück:

Vermeidung von ,rhetorischen Ohrfeigen'

Zu diesem Bereich zählen Killerphrasen, die den Kunden mehrfach ohrfeigen. Bspw. suggeriert eine Phrase wie „Wie ich vorhin schon sagte ...", dass der Kunde entweder nicht aufgepasst hat, oder nicht geistig folgen kann[140]. Wenige Fehltritte dieser Art fallen kaum auf. Problematisch wird es, sobald der Kunde darauf aufmerksam wird.

Vermeidung von ,Schlaffmachern'

Schlaffmacher sind Begriffe, welche die sprachliche Kommunikation im Engagement bremsen. Hierzu zählen schwache Begriffe wie „eigentlich", „im Großen und Ganzen", „sozusagen", „vielleicht" und vor allem auch Konjunktive[141]. Zu diesen gehören „müsste", „sollte", „könnte", „würde" usw. Stattdessen wählt man aktive Formulierungen; Sätze wie „Das ließe sich realisieren" vermitteln in Form von: „Wir können das für Sie realisieren" wesentlich mehr Engagement.

Verwendung von ,positiven Ausdrücken'

---

[139] vgl. Jachens 2004, S. 107ff.

[140] vgl. ebenda, S. 107

[141] vgl. ebenda, S. 110

Wörter rufen bei Menschen grundsätzlich unterschiedliche Assoziationen und Bilder hervor. Bei Kunden ruft bspw. das Wort ‚Kosten' besonders negative Assoziationen hervor[142]. Stattdessen ist dies Positiv zu formulieren: „Sie bekommen das Produkt für ... €". Diese These lässt sich auch im Gegensatz verwenden, um einen Nutzen prägnant herauszustellen: „Die Schulung kostet Sie keinen Cent mehr!"[143].

Vermeidung 'ichbezogener Aussagen'

Dieser Grundsatz dient dazu, den Kunden direkt anzusprechen und verhindert den für den Kunden irrelevanten Ich-Bezug. Der Kunde kann auf diese Art während seiner persönlichen Entscheidungs- und Wertungsüberlegungen aus seiner Sicht begleitet werden. So wird aus Phrase „Ich zeige Ihnen" in etwa: „Schauen Sie bitte hier, ..."[144]. Oder auch: „Dies wird bei uns sehr oft nachgefragt" in: „Viele Unternehmen haben hierin eine gute Lösung gefunden".

Die Regel lässt sich also so zusammenfassen, dass aus „ich", „wir" und „man" möglichst ein „Ihnen", „Sie" oder ggf. auch „Euch" formuliert wird. Ausnahme ist natürlich, wenn der potenzielle Kunde direkte Informationen über die Arbeitsweise und Ziele der eigenen Unternehmung erfahren möchte. Dann möchte er es aus der Sicht des Akquisemitarbeiters hören.

Benutzung von ‚Aussageverstärkern'

Als Aussageverstärker eignen sich alle Einschübe, die dem Kunden eine konkrete Vorstellung bzw. Identifikation aufzeigen. Das sind bspw. Begriffe, wie „wenn es bei Ihnen installiert ist", „wenn Sie damit arbeiten" oder „wenn Sie alle Anwendungen kennen"[145]. Ein Argument wird also dadurch verstärkt, dass es in eine Zukunftssituation des Kunden mit einbezogen wird: „Ihr Vorteil ist, dass Ihr Beratungsaufwand sinkt, sobald die Geräte in Ihrem Geschäft aufgestellt werden und Ihre Kunden über mehr Informationen verfügen".

Zusammenfassend lässt sich sagen, dass besondere Aufmerksamkeit auf die positive Formulierung und die richtige und positive Übermittlung der Informationen zulegen ist, um die Überzeugung zu unterstützen.

4.5.2 Persönlicher Auftritt

Zahllose Veröffentlichungen beschäftigen sich mit den Themen Auftritt im Verkauf, Umgang mit Kunden und Ähnlichem. Dieser Abschnitt will einen

---

[142] vgl. ebenda, S. 112

[143] vgl. ebenda

[144] vgl. ebenda, S. 113

[145] vgl. ebenda, S. 114

kurzen Einblick in das Thema der Überzeugung durch den Auftritt der Akquiseperson geben, um einige grundlegende Empfehlungen zur Überzeugung geben zu können.

Das Manager Magazin misst dem persönlichen Auftreten eine sehr hohe Bedeutung zu: „Der Kunde kauft bei Ihnen nicht in erster Linie wegen der tollen Produkte, sondern weil ihn die Person des Verkäufers besonders beeindruckt"[146]. Falls dies so eindeutig ist, so basiert der Erfolg eines Produktes unter anderem darauf, dass die Sympathiewerte und die Wertschätzung des Verkäufers auf das Produkt, für das er einsteht, transferiert werden. Dabei ist aber nicht zu vergessen, dass Unternehmen neue Investitionen meist eingehend prüfen. Um den Themenkreis zu umreißen, lässt sich ergänzend Marco Schmäh anführen, der sagt, dass der Kunde in jeder Phase des Verkaufs honoriert, wenn der Verkäufer eine hohe fachliche, soziale und emotionale Kompetenz beweist[147]. Hinzu kommt, dass Pünktlichkeit und Betreuungsintensivität hilft, Vertrauen beim Kunden aufzubauen[148].

Damit lässt sich festhalten, dass durch das Auftreten des eigenen Akquisemitarbeiters der Überzeugungsprozess auf jeden Fall unterstützt werden kann. Welche Möglichkeit ergibt sich, neben Zuverlässigkeit und Kompetenz, ein positives Persönlichkeitsprofil dem Kunden zu vermitteln? Dies liegt vermutlich in der Vermittlung eines positiven Gefühls durch die eigene Person, die durch ihre gute Laune, Freundlichkeit und Aufmerksamkeit willkommen aufgenommen wird.

Der höfliche Umgang umfasst dabei bspw. die einzelnen Personen beim Käuferunternehmen als Mittelpunkt des Verkaufs zu betrachten und dementsprechend anzuerkennen, ernst zu nehmen und ihnen das Gefühl zu geben verstanden zu werden[149]. Dazu zählen grundsätzlich alle Mitarbeiter des Unternehmens, mit einem besonderen Engagement innerhalb der Entscheidungsstrukturen. So kann die Sekretärin des Entscheiders der Schlüssel zum Gesprächstermin sein. Das Manager Magazin empfiehlt ihr durch ein kleines Mitbringsel eine Wertschätzung entgegen zu bringen[150].

---

146 Manager Magazin 2002, S. 148

147 vgl. Schmäh 2005, S. 16

148 vgl. ebenda, S. 16

149 vgl. Jachens 2004, S. 9

150 Manager Magazin 2002, S. 146

Weiterhin ist es ratsam, den Kunden zunächst ausreden zu lassen, besonders wenn er, wie bspw. bei der Vertragsverhandlung, über seine Ziele und Wünsche spricht[151]. Fatal wäre es ihm dabei ins Wort zu fallen.

Der Akquisemitarbeiter darf durch sein entgegenkommendes Auftreten dem potenziellen Kunden jedoch nicht die komplette Verhandlungsmacht überlassen. So müssen in geeigneten Momenten dem Kunden auch die Grenzen aufgezeigt werden; durch ein wenig Druck lässt sich so das Maximum an Ertrag aus einem Geschäft herausholen[152].

Dem Auftreten ist neben Äußerlichkeiten auch der Umgang mit den eigenen Materialien hinzuzuzählen. Rolf Leicher (2005) empfiehlt, geschickt mit den eigenen Unterlagen umzugehen. So sollen diese nicht zu Beginn des Gesprächs herausgeholt werden, sondern erst im richtigen Moment[153]. Das erleichtert es, dem Kunden zu Beginn das Wort zu überlassen, zumal während des Gesprächs nicht die ganze Zeit auf einen umgekehrt liegenden Bogen von Informationen schauen muss. Ebenso soll laut Leicher eine Referenzliste überreicht werden, durch die der Kunde auch die Möglichkeit hat, die jeweiligen Firmen anzurufen[154]. Genauso ist ein sinnvoller Umgang mit Visitenkarten nötig. So wird nach dem Überreichen ein kurzer Augenblick gewartet, damit der Kunde sie überfliegen kann[155]. Die Karte darf auf keinen Fall zurückgenommen werden[156]. Leicher geht auch auf den Umgang mit Materialien wie den Aktenkoffer ein, welcher allenfalls auf den nebenstehenden Stuhl gelegt werden sollte, niemals aber auf den Schreibtisch des Entscheiders[157].

Im Ganzen lässt sich zusammenfassen, dass beim Auftreten ein ebenso höflicher, wie auch konkreter und bestimmter Umgang sinnvoll ist, wobei sowohl die äußere Erscheinung als auch Hilfsmittel, geschickt und zielgerichtet einzusetzen sind.

4.5.3 Image- und Markenaufbau

Wie bereits die vorangegangenen Untersuchungen aufzeigen, ist ein etabliertes Image und ein koordiniertes Marketing für das Premium-Segment von großer

---

[151] Manager Magazin 2002, S. 148

[152] Manager Magazin 2002, S. 148

[153] vgl. Leicher 2005, S. 52

[154] vgl. ebenda

[155] vgl. ebenda, S. 53

[156] vgl. ebenda

[157] vgl. ebenda, S. 54

Bedeutung. Da den potenziellen Kunden nicht ausreichend objektive Bewertungskriterien zur Verfügung stehen, müssen sie auf ihre subjektive Wahrnehmung zurückgreifen.

Als Chance für den Aufbau eines solchen Images nennt Valerie Feldmann (2004) hier den Mythenaufbau durch die Fiktionalität der Neuen Medien[158]. Dort können Dinge erlebbar gemacht werden, die durch die Produktanwendung in der Realität so nicht möglich sind. Das Marketing in den fiktionalen Medien ermöglicht dem Mythenverlust in der Realität entgegenzuwirken[159].

Damit ist es denkbar die Kommunikationslösungen in Form eines Mythos zu kommunizieren. Dafür können das Internet und die digitalen Medien genutzt werden, dieses Image und die Kundenvorteile plakativ und eindringlich zu vermitteln. Selbstverständlich ist dies nicht einfach zu realisieren. Es sollte sich jedoch kritisch mit den vielfältigen Chancen auseinandergesetzt werden.

Der Aufbau eines Statussymbols ist eine weitere Möglichkeit ein gutes Image zu schaffen. Albers (2001) schlägt zur Umsetzung drei Schritte vor. Zunächst muss das Produkt als Symbol zur Unterstützung der Identität einer Gruppe positioniert werden[160]. D. h. ein Symbol, mit dem sich eine Gruppe bspw. von anderen Marktteilnehmern absetzen oder gegenüber ihren Kunden besser positionieren kann. Dies hat z. B. Apple in der Designer-Welt erreicht. Die Identitätsgruppe übt letztendlich Druck auf Nicht-Nutzer aus[161]. Albers nennt hier als Beispiel die DSL-Werbebotschaft der Telekom: „Verpassen Sie nicht den Anschluss!“[162]. Als zweiten Schritt schlägt er vor, das soziale Risiko zu minimieren, welches aufgrund der Missbilligung durch andere soziale Schichten entsteht[163]. Das bedeutet, dass die Verwendung eines solchen Kommunikationssystems durch breite Kunden- und Unternehmensschichten erstrebenswert ist. Als letzten Punkt schlägt er das Schaffen eines Multimedia-Erlebnisses durch das Marketing vor[164]. Dies geht mit dem medialen Mythenaufbau von Feldman einher.

Einen besonderen Effekt in der Positionierung einer Marke nennt Tomczak (1996), indem die Art der Marktkommunikation selbst zur Position gemacht

---

[158] vgl. Feldmann 2004, S. 29f.

[159] vgl. ebenda

[160] Albers 2001, S. 738

[161] vgl. ebenda

[162] ebenda

[163] vgl. ebenda

[164] vgl. ebenda

wird[165]. Ein Beispiel hierfür ist McDonalds, bei dem die Marktkommunikation bereits ein Bestandteil des Markenmythos ist.

Der Aufbau eines positiven Images und eines Statussymbols ist die hohe Kunst des Marketings, und durch die Akquisestrategie nicht zu erreichen. Vielmehr ist die Akquise auf die Vermarktung des Unternehmens angewiesen, um zur Überzeugung den geschaffenen Markenwert nutzen zu können.

Die Chance zum Aufbau eines Markenmythos liegt in der Vermittlung einer Vision von intelligenter Kommunikation mit Computern. Aufwand und Nutzen sind dabei jedoch abzuwägen. Eine Möglichkeit liegt z. B. in der Forcierung von Mundpropaganda durch zufriedene Kunden.

---

[165] vgl. Tomczak 1996, S. 219

5 Abschließende Betrachtung und Ausblick

Das letzte Kapitel stellt eine Zusammenfassung dar und gibt einen Überblick über die wesentlichen Ergebnisse des Buchs. Dies soll eine Wertung der erarbeiten Lösung ermöglichen. Zum Abschluss werden Einsatz und Möglichkeiten zur praktischen Weiterentwicklung aufgezeigt.

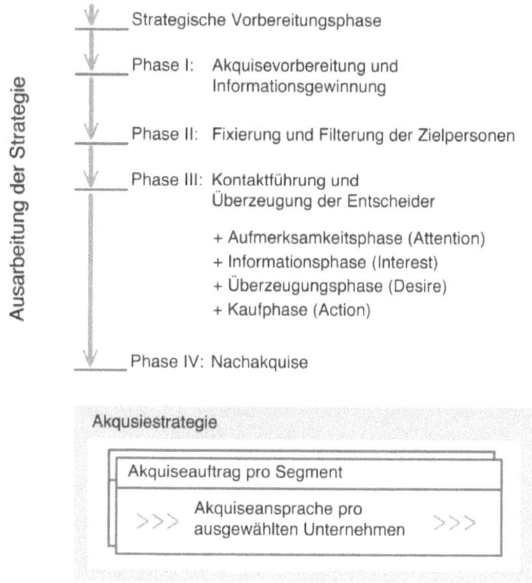

Auswahl und Kontakt

Adressrecherche

1. Aufbau eines Adresspools
2. Selektion nach Kundenwert
3. Recherchen zum Unternehmen und Entscheidern

Kundenkontakt

①	Erstbrief	Aufmerksamkeit
②	Telefon	Interesse wecken & Termin bekommen
③	Besuch / Präsentation	Überzeugungsphase
④	Begleitung der Entscheidungsphase durch Informationen und Lösungen	

➔ Je nach Akquiseverlauf werden die einzelnen AIDA-Phasen um weitere Ansprachen ergänzt.

Ergänzungen

- Instrumente und ihre Eignung für den Kundenkontakt
- Rechtliche Begrenzungen beim Einsatz
- Planung und individuelle Anpassung der Ansprache mithilfe eines morphologischen Kastens

Überzeugung

Voraussetzung

Entscheidungsverhalten Bedürfnisse und Erwartungen

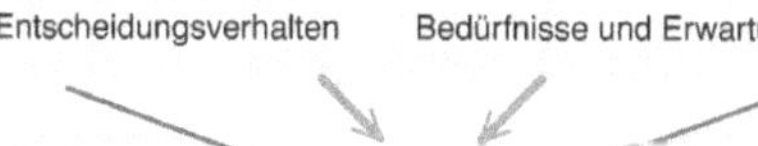

Strategische Vorgehensweise

Überzeugung durch

Wahl der Inhalte

- Produktnutzen
- Argumentation des Preises

Gewählte Kommunikationsinstrumente

Brief

Besuch Telefon

Die Kommunikation selbst

verbal

- Sprachlichkeit
- Auftreten gegenüber und beim Kunden
- Bedeutung von Image und Marketing

nonverbal

In dem Buch wurde ein strategisches Vorgehen bei der Planung und Durchführung der Akquise in dem gewählten Zielsegment erarbeitet. Dazu wurden für die Ausarbeitung unterschiedliche Vorgehensmodelle herangezogen; verschiedene Studien zu Marketingmethoden und Kommunikationsmitteln untermauern dazu das Vorgehensmodell.

Hervorheben lassen sich dabei der Ansatz eines ‚Corporate Acquisition' und die Einbindung der Akquise in die internen Prozesse, wie die Kommunikations- und Marketingkonzeption. Ergebnis ist eine Strategie mit einem konkreten Ablaufmodell, speziell entwickelten Instrumentarien, Übersichten zum Einsatz und verschiedenen Einsatzbeispielen. Die Akquisestrategie stellt damit eine Basis für eine effiziente Kundengewinnung im Premium-Bereich der digitalen Benutzer-Kommunikation dar.

Der Neuheitsgehalt des Buchs liegt, wie die Literaturrecherche zeigte, in der Betrachtung der Akquise in Form der strategischen Kundengewinnung sowie in der Aufzeigung eines konkreten Vorgehens.

Abschließend ist anzumerken, dass die Strategie sich erst im praktischen Einsatz bewähren muss. So können sich bei der konkreten Planung in einem Unternehmen noch verschiedene Probleme zeigen, die im Rahmen dieses Buchs nicht betrachtet wurden bzw. betrachtet werden konnten.

Weiterentwicklung der Strategie

Der modulare Aufbau ermöglicht die problemlose Weiterentwicklung und Anpassung der einzelnen Strategiebereiche an neue Forschungserkenntnisse. So ist es bspw. denkbar, ein anderes Verkaufsmodell der Kundenansprache zugrunde zu legen. Die Weiterentwicklung kann jedoch auch im Unternehmen erfolgen, indem die Akquisestrategie intensiv in die vorhandenen Prozesse eingebunden wird. Denn einerseits ist sie an das Kommunikations- und Marketingkonzept des Unternehmens gebunden, andererseits folgen auf eine erfolgreiche Kundengewinnung weitere Methoden. So folgt die Fortführung der Kommunikation auf Basis des Customer-Relationship-Management (CRM), das Kundenbindungsmanagement und die stetige Kontrolle der Kundenzufriedenheit durch das Beschwerdemanagement.

Demzufolge ist die Akquisestrategie als ein Baustein der Unternehmensorganisation zu verstehen, der in die umliegenden Prozesse eingebettet werden muss. Da die Kundenakquise jedoch von einer Vielzahl von Unternehmen weder strategisch, noch stetig betrieben wird, stellt dies eine entscheidende Weiterentwicklung der internen Unternehmensprozesse dar.

Interessant werden bei der Einführung einer solchen strategischen Vorgehensweise die interne Organisation und das Controlling der Akquise sein. Dies umfasst jedoch einen eigenen Themenkomplex, da hier konkret das Management, die Kontrollstrukturen und Lernmechanismen für die elektronische Verwirklichung geplant und möglicherweise erforscht werden müssen

Abkürzungsverzeichnis

AIDA	AIDA Stufenmodell des Verkaufs
Bspw.	Beispielsweise
CRM	Customer Relationship Management
LG	Landgericht
USP	Unique Selling Proposition (Herausstellungsmerkmal beim Verkauf)
Vgl.	Vergleiche

Literaturverzeichnis

Andersson, A. (1995): *Mailing der Superlative – Ein Direktmail-Package erreicht Milliarden-Umsätze.* In: Direkt Marketing. Zeitschrift des Marketing-Forum für das Direkt-, Dialog- und Database-Marketing (1995) 1, Seiten 29-31. Ettlingen: Im Marketing-Forum GmbH, 1995

BERGMANN, H. (2002): *Determinanten der Kundenerwartungen – Eine kritische Bestandsaufnahme.* München: FGM Fördergesellschaft Marketing e.V., 2002

BROCKHAUS (Hrsg.) (1996b): *Brockhaus die Enzyklopädie – Band 17.*
Leipzig u. a.: F.A. Brockhaus, 1996

GEFFKEN, M. (1999): *Das große Handbuch Werbung.*
Landsberg/Lech: Verlag Moderne Industrie, 1999

KLICKERMANN, C. (2005): *Kundenanalyse - Die Chance.* (12. Juni 2005) (online) http://www.kundenbeziehungen.com/analyse/kunden1.html.
Laufen: Verlag Christa Klickermann, 2005

KOSCHNICK, W. (2003): *FOCUS-Lexikon – Werbeplanung - Mediaplanung - Marktforschung - Kommunikationsforschung - Mediaforschung. Band 1.* 3. Aufl.
München: FOCUS Magazin Verlag, 2003

LIPP, L. (2004): *Interaktion zwischen Mensch und Computer im Ubiquitous Computing –Alternative Ein- und Ausgabemöglichkeiten für allgegenwärtige Informationstechnologien.* Münster: Lit, 2004

MATYS, E. (2004): *Dienstleistungsmarketing – Kunden finden, gewinnen und binden.* Frankfurt/M.: Redline Wirtschaft, 2004

MEFFERT, H. (2000): *Marketing – Grundlagen marktorientierter Unternehmensführung.* 9. Aufl. Wiesbaden: Gabler, 2000

SILBERER, G./TSCHEULIN,D./HELMIG, B. (Hrsg.) (2001): *Marketing mit interaktiven Medien. In: Branchenspezifisches Marketing. Grundlagen - Besonderheiten - Gemeinsamkeiten.* Wiesbaden: Gabler, 2001

TIETZ, B./KÖHLER, R./ZENTES,J. (1995): *Handwörterbuch des Marketing.* 2. Aufl. Stuttgart: Schäffer-Poeschel, 1995

TSCHEULIN, D./HELMIG, B. (Hrsg.) (2001): *Branchenspezifisches Marketing – Grundlagen - Besonderheiten - Gemeinsamkeiten.* Wiesbaden: Gabler, 2001

WENZLAU, A./HÖFER, U./ SIEGERT, M./ WOHLRAB, S. (Hrsg.) (2003): *Kunden Profiling, Die Methode zur Neukundenakquise.* Erlangen: Publicis, 2003

Quellenverzeichnis

AKIHABARANEWS (2005): *A flexible colour screen that requires no power.* (23. Juli 2005) (online) http://www.akihabaranews.com/en/news_9865.html

ALBERS, S./TSCHEULIN, D./HELMIG, B. (2001): *Marketing für interaktive Medien. In: Branchenspezifisches Marketing. Grundlagen - Besonderheiten - Gemeinsamkeiten.*
Wiesbaden: Gabler, 2001

BOEING, A. (2005): *Kundenprofile.* (08. Juni 2005) (online)
http://www.devis.de/deutsch/ziele/ kundeninformation/kundeninformation_more.htm. Hannover: Devis IHK Hannover, 2005

BRAUER MEDIA KG (Hrsg.) (2003): *Cyber-Werbe-Welt. Die neuen Stars am Medienhimmel. Eine qualitative Grundlagenstudie im Auftrag von TV Movie.* (10. Juli 2005) (online)
http://www.bauermedia.com/pdf/studien/werbewirkung/cyber-werbe-welt.pdf. Hamburg: Brauer Media KG, 2003

BROCKHAUS (1996a): *Brockhaus die Enzyklopädie – Band 1.*
Leipzig u. a.: F.A. Brockhaus, 1996

BRUHN, M./HOMBURG, C. (Hrsg.) (2004): *Gabler Lexikon Marketing.*
Wiesbaden: Gabler, 2004

BRUNS, M. (2005): *Kundenbindung und Verkauf – Verkaufskultur im 21. Jahrhundert - vom Hardselling zur erfolgreichen Kunden-Partnerschaft.* Renningen: Expert, 2005

DETROY, E. (2000): *Das Powerbuch der Neukundengewinnung: die besten Techniken, Konzepte und Strategien.* Landsberg/Lech: Verlag Moderne Industrie, 2000

DILLER, H. (2001): *Vahlens Großes Marketinglexikon.*
München: C.H. Beck München und Franz Vahlen, 2001

DILLER, H. (2002): *Grundprinzipien des Marketing.* Nürnberg: GIM-Verlag, 2002

EVERS, J./KLATT, J. (Hrsg.) (1998): *Rechtsfragen in Zusammenhang mit der Neukundenakquisition.* Göttingen: Forum für Recht & Vertrieb GmbH, 1998

FELDMANN, V./ ZERDICK, A./PICOT, A./SCHRAPE, K./BURGELMAN, J./SILVERSTONE, R./HEGER, D./WOLFF, C. (Hrsg.) (2004): *Die Zukunft der Kommunikation. In: E-Merging Media. Kommunikation und Medienwirtschaft der Zukunft. European Communication Council Report.* Heidelberg: Springer, 2004

FUJITSU (2005): *Press Releases: Fujitsu Develops World's First Film Substrate-based Bendable Color Electronic Paper featuring Image Memory Function.* (21. Juli 2005) (online)
http://www.fujitsu.com/global/news/pr/archives/month/2005/20050713-01.html.
Tokio: Fujitsu Laboratories Ltd., 2005

GOLDSTEIN, B./RITTER, M. (Hrsg.) (2002): *Wahrnehmungspsychologie.* 2. Aufl. Heidelberg: Spektrum Akademischer Verlag GmbH, 2002

GOTTSCHLING, S. (1995): *Schöne neue "Schlagwortwelt".* In: Direkt Marketing (Sonderbeilage). Zeitschrift des Marketing-Forum für das Direkt-, Dialog- und Database-Marketing (1995) März, Seiten 2-3. Ettlingen: Marketing-Forum GmbH, 1995

HIRSCHMANN, W. (2003): *Mut zum Marketing. Messbarer Unternehmenserfolg.*
Wirksame Kundenbindung. Erfolgreiche Neukundengewinnung. Stockheim: Schmidt, 2003

ITVW (2005): *Terminal Produkte.* (03. Juli 2005) (online) http://itvm-terminals.de/ images/podukte/cp-04_od_334_500.jpg. Tamm: ITVM GmbH, 2005

JACHENS, T. (2004): *Professionelles Verkaufen – Kundenerwartungen erkennen / Verkaufsgespräche positiv gestalten / Abschlüsse erreichen / Richtig kommunizieren.* Frankfurt/M.: Redline Wirtschaft GmbH, 2004

KFW BANK (Hrsg.) (2005a): *Akquise: Welche Zielgruppe wollen Sie erreichen.* (21. Mai 2005) (online) http://www.kfw-mittelstandsbank.de/mportal/Gruenderzentrum/d020Marke/ d050Akqui/d010ZielGr/d010ZielGr.jsp. Frankfurt/M.: KfW Bank, 2005

KFW BANK (2005b): *Angebots-Eigenschaften: Wie erklärungsbedürftig ist Ihr Angebot?*
(21. Mai 2005) (online) http://www.kfw-mittelstandsbank.de/mportal/Gruenderzentrum/ d020Marke/d050Akqui/d020Angebot/d020Angebot.jsp. Frankfurt/M.: KfW, 2005

KFW BANK (2005c): *Akquise-Instrumente: Welche Instrumente sind für Sie richtig?*
(21. Mai 2005) (online) http://www.kfw-mittelstandsbank.de/mportal/Gruenderzentrum/ d020Marke/d050Akqui/d040AkquInst/d040AkquStr.jsp. Frankfurt/M.: KfW, 2005

KREUZ, P. (2004): *Studie Marketing Trends.* (10. Juni 2005) (online) http://www.advanced-innovation.com/marketingtrends.pdf. Wien: Advanced Innovation, 2004

LASKO, W. (2000): *Professionelle Neukundengewinnung: Erfolgsstrategien kreativer Verkäufer.* Wiesbaden: Gabler, 2000

LEICHER, R. (2005): *Fit für die Neukundengewinnung: vom ersten Kontakt zum ersten Auftrag.* Göttingen: Business Village, 2005

LG BERLIN (1973): *Urteil vom 23.05.1973. WRP 73, 548.*
Zit. nach: EVERS 1998, Seite 12

LG TRAUNSTEIN (1997):, *Beschluss vom 18.12.1997. NJW 98, 1638.*
Zit. nach: EVERS 1998, Seite 17

Manager Magazin (Hrsg.) (2002): *Die Tricks der Top-Verkäufer.* (2002), Seiten 144 - 162. Hamburg: Manager Magazin Verlagsgesellschaft mbH, 2002

MEFFERT, H. (1998): *Marketing – Grundlagen marktorientierter Unternehmensführung.*
8. Aufl. Wiesbaden: Gabler, 1998

MEFFERT, H./LASSLOP, I. (2003): *Luxusmarkenstrategie.* Münster: Wissenschaftliche Gesellschaft für Marketing und Unternehmensführung, 2003

OERTL, M./SPRADO, H. (Hrsg.) (2005): *Hirnforschung: Unser verräterisches Gehirn.* In: PM-Magazin (2005) 6, Seiten 10 - 18. München: Gruner + Jahr, 2005

PEPELS, W. (2001): *Kommunikations-Management – Marketing-Kommunikation vom Briefing bis zur Realisation.* 4. Aufl. Stuttgart: Schäffer-Poeschel, 2001

PFÖRTSCH, W./SCHMID, M. (Hrsg.) (2005): *B2B – Markenmanagement – Konzepte, Methoden, Fallbeispiele.* München: Vahlen, 2005

Preuß, S. (2005): *Probleme in der Kundenkommunikation einer Werbeagentur mit Möglichkeiten zur Verbesserung anhand von Qualitätsmanagement* Dresden: Staatliche Studienakademie Sachsen, Berufsakademie Dresden, Studienarbeit, 2005

PROBST, A. (1998): *Elektronische Kundenintegration – Marketing, Beratung & Verkauf, Support und Kommunikation.* Braunschweig u. a.: Vieweg, 1998

REINER, T. (1993): *Analyse der Kundenbedürfnisse und der Kundenzuf*

riedenheit als Voraussetzung einer konsequenten Kundenorientierung. Hallstadt: Rosch-Buch, Dissertation, 1993

RIPANTI, M. (Hrsg.) (2005): *Dozenten-Börse – Trainerkatalog: Spezialgebiete.* (08. Juni 2005) (online)
http://www.trainer.info/Trainer/katalog/?sid=281&level=2.
Weinheim: Die Bildungsgruppe, 2005

POLYMER VISION (Hrsg.) (2005): *The 'bigger picture' for business applications.* (23. Juli 2005) (online)
http://www.polymervision.com/ProductsApplications/Vision/Index.html.
Eindhoven (Niederlande): Polymer Vision - Philips Technology Incubator, 2005

ROSENGARTEN, P. (2004): *Premium Power – Das Geheimnis des Erfolgs von Mercedes-Benz, BMW, Porsche und Audi.* Weinheim: Wiley-Vch, 2004

SCHMOLL, A. (1996): *Firmenkunden aktiv und erfolgreich betreuen – Konzepte - Checklisten - Tips.* Wiesbaden: Gabler, 1996

SCHMÄH, M. (2005): *Win-Win durch Value-Based-Selling. In: Marketing Journal (1995) 5,* Seiten 12 - 17. München: Europa-Fachpresse-Verlag, 2005

SCHOBER GMBH (Hrsg.) (2005): *Firmenadressen Online. Blitzschnell selektieren. Downloaden. Durchstarten.* (04. Juli 2005) (online)
http://www.schober.com/ebd/de/
selekt1_d.jsp?queryId=282507&position=1. Ditzingen: Schober Business Information GmbH, 2005

SZ Wissen (2005): *Altpapier-Killer.* In: SZ Wissen (2005) 4, Seite 16. München: Süddeutsche Zeitung, 2005

THISSEN, F. (2004): *Screen Design Manual.* Heidelberg u. a.: Springer, 2004

TOMCZAK, T. (Hrsg.) (1996): *Positionierung: Kernentscheidung des Marketing.* St. Gallen (Schweiz): Thexis, 1996

UWG Gesetz gegen den unlauerteren Wettbewerb, 3. Juli 2004, Online im Internet: http://bundesrecht.juris.de/bundesrecht/ uwg_2004/gesamt.pdf (25. Juli 2005). Saarbrücken: Juris GmbH - Juristisches Informationssystem für die Bundesrepublik Deutschland, 2004

VERWEYEN, A. (1997): *Erfolgreich akquirieren: Instrumente und Methoden der direkten Kundenansprache.* Wiesbaden: Gabler, 1997

VERWEYEN, A./ECKERT, G. (2004): *Aktiv verkaufen im Premium-Segment – Wie Sie Top-Kunden für hochpreisige Angebote gewinnen.* Wiesbaden: Gabler, 2004

WATZLAWICK, P. (2000): *Menschliche Kommunikation: Formen, Störungen, Paradoxien.* Bern (Schweiz): Huber, 2000

WEISSHAAR, N. (1998): *Strategische Maßnahmen zur Kundengewinnung* In: DETROY, E. (Hrsg.): Das große Handbuch für den Verkaufsleiter. Landsberg/Lech: Verlag Moderne Industrie, 1998

Zeitfracht Medien GmbH
Ferdinand-Jühlke-Straße 7
99095 Erfurt, Deutschland
produktsicherheit@kolibri360.de